for your everyday from the greats.

大切なことに気づく
365日
名言の旅

世界の空 編

Quotes of 365 days from the Great minds

はじめに

「朝のリレー」　谷川俊太郎

カムチャッカの若者が　きりんの夢を見ているとき
メキシコの娘は　朝もやの中でバスを待っている
ニューヨークの少女が　ほほえみながら寝がえりをうつとき
ローマの少年は　柱頭を染める朝陽にウインクする
この地球で　いつもどこかで朝がはじまっている
ぼくらは朝をリレーするのだ
経度から経度へと　そしていわば交替で地球を守る
眠る前のひととき耳をすますと　どこか遠くで目覚時計のベルが鳴ってる
それはあなたの送った朝を　誰かがしっかりと受けとめた証拠なのだ

Quotes of 365 days from the Great minds

詩人・谷川俊太郎の「朝のリレー」という詩です。
この本は、この詩のように
世界でいちばん最初に日が昇る国「キリバス」の空から、
いちばん最後に日が沈む国「ニウエ」の空まで、
365日、世界中の絶景の上に広がる空を順番につなげて、
その上に、偉人たちが残した言葉を掲載しています。
2月26日なら岡本太郎、4月16日ならチャップリンというように、
その日に生まれた偉人の名言を世界中から集めました。
毎日一つずつ、言葉と写真を旅するように眺めながら、
時には「自分や友人の誕生日は誰の名言だろう?」と楽しみながら、
大切なことを思い出してもらえれば嬉しいです。

「良い言葉は、自分がそうありたいと思っているとおりになろうと努める力を人間に与える。」

——アウグスト・ストリンドベリ（作家）

1
月

January

Quotes of 365 days from the Great minds

Quotes of January 1

1月1日

長く生きることより、
どう生きるかに価値がある。
この先をどう生きるか。
しまっておいた夢を
取り出してみないか。

―― 倉本聰（脚本家）

SOU KURAMOTO
Birth 1935.1/1

タラワ環礁

Quotes of January 2

1月2日

生きるとは、単に生きながらえることばかりでなく、何かに命をかけることである。

――村上和雄（生物学者）

ウポル島

KAZUO MURAKAMI

Birth 1936.1/2

Quotes of January 3

1月3日

January

はじまりは、どんなものでも小さい。
——マルクス・トゥッリウス・キケロ（哲学者）

ホウマのブローホール

MARCUS TULLIUS CICERO
Birth BC 106.1/3

8

1月4日

明日の天気が心配ならば、
晴れるかどうか悩むのではなく、
雨のときの対策を
できるかぎりすることです。
悩むときには
「これは悩むことで
何かが変わるだろうか」
と自問自答してみてください。

――宮本延春（教育者）

カムチャッカ半島

MASAHARU MIYAMOTO
Birth 1969.1/4

Quotes of January 5

1月5日

悪いことをしても
天罰が下るわけではなく、
良いことをしても
お褒めにあずかるわけではない。
じゃあ何が違ってくるかというと、
顔が違ってくる。
豚の顔になるのか、
少しはましな顔になるのか。

——宮崎駿（映画監督）

テカポ湖

HAYAO MIYAZAKI
Birth 1941.1/5

Quotes of January 6

1月6日

仕事とは、「愛」を目に見える形に表現することである。

——ハリール・ジブラーン（作家）

テカポ湖の星空

KHALIL GIBRAN
Birth 1883.1/6

Quotes of January 7

1月7日

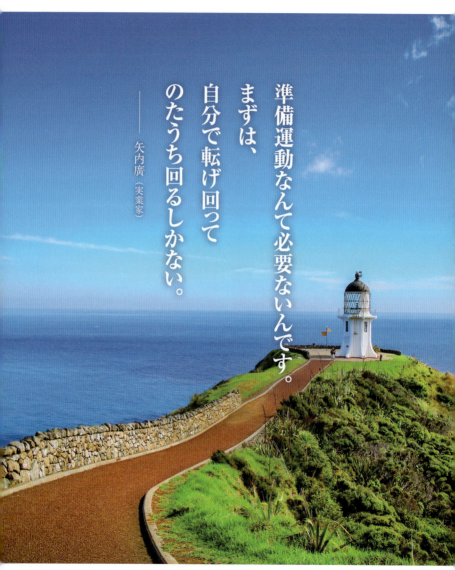

準備運動なんて必要ないんです。まずは、自分で転げ回ってのたうち回るしかない。

―― 矢内廣（実業家）

ケープ・レインガ灯台

HIROSHI YANAI
Birth 1950.1/7

Quotes of January 8

1月8日

自分を素直に出せるなら、
いまのままの自分で十分です。

―― カール・ランサム・ロジャーズ（心理学者）

ミルフォード・サウンド

CARL RANSOM ROGERS
Birth 1902.1/8

Quotes of January 9

1月9日

どうしても取り除くことができない障害の前では、それにこだわり続ける頑固さほど愚かなものはありません。

―― シモーヌ・ド・ボーヴォワール（作家）

モエラキ・ボルダー

SIMONE DE BEAUVOIR
Birth 1908.1/9

Quotes of January 10

1月10日

取ること少なくして
与えることを多くせよ。
責めること少なくして
誉めることを多くせよ。

——二木謙三（医師）

オークランド

KENZO FUTAKI

Birth 1873.1/10

Quotes of January 11

1月11日

「自分の弱点を直せば
人生が良くなる」
と思い込んでいる人がいる。
だがそれは空高く飛べる鳥に
「土を掘る練習をしろ」
と要求するようなものだ。

——マーカス・バッキンガム（作家）

フランツ・ジョセフ氷河

MARCUS BUCKINGHAM
Birth 1966.1/11

1月12日

Quotes of January 12

間違えたとき、虚勢をはりますか？
それとも素直に謝りますか？

——ジェフリー・プレストン・ベゾス（実業家）

フィジー諸島

JEFFREY PRESTON BEZOS
Birth 1964.1/12

Quotes of January 13

1月13日

最高のアイデアというのは、
往々にして
大きな失敗から
生まれるものです。

—— スティーブ・リブキン（コンサルタント）

STEVE RIVKIN

Birth 1947.1/13

パン島

1月14日

Quotes of January 14

世界中どこであろうと、振り返ればあなたを必要とする人がいる。

——アルベルト・シュバイツァー（医師）

ソロモン諸島

ALBERT SCHWEITZER
Birth 1875.1/14

Quotes of January 15

1月15日

January

あのね、
年をとるっていうのは
絶対におもしろい現象が
いっぱいあるのよ。
若いときには
当たり前にできていたものが
できなくなること、
1つずつをおもしろがってほしいのよ。

——樹木希林 女優

ゴールドコースト

KIKI KIRIN

Birth 1943.1/15

Quotes of January 16

1月16日

死のうとするよりも、生きようとすることの方がずっと勇気を必要とする試みです。試練とは、死ぬことではなく、生きることです。

——ヴィットーリオ・アルフィエーリ（劇作家）

ウルル

VITTORIO ALFIERI
Birth 1749.1/16

Quotes of January 17

1月17日

必要なときには
おそれずに大きく踏み出しなさい。
大きな割れ目を
2回の小さなジャンプで
越えることはできないのだから。

——デビッド・ロイド・ジョージ（政治家）

ケーブル・ビーチ

DAVID LLOYD GEORGE
Birth 1863.1/17

1月18日

Quotes of January 18

夢を持て、
目的を持て、
やればできる。
こんな言葉に騙されるな。
何もなくていいんだ。
人は生まれて、生きて、死ぬ。
これだけでたいしたもんだ。

——ビートたけし（芸人）

カタ・ジュタ

TAKESHI KITANO
Birth 1947.1/18

Quotes of January 19

1月19日

虹が見たいんだったら、雨は我慢しなくちゃね。

——ドリー・レベッカ・パートン〔ミュージシャン〕

ホワイトヘブン・ビーチ

DOLLY REBECCA PARTON
Birth 1946.1/19

Quotes of January 20

1月20日

はじまりと思うのも自分。
もう終わりだと思うのも自分。

——フェデリコ・フェリーニ（映画監督）

ブルームの月への階段

FEDERICO FELLINI
Birth 1920.1/20

Quotes of January 21

1月21日

負けたとき、堂々と勝者を称えることを忘れないように。

――ジャック・ウィリアム・ニクラス（ゴルファー）

JACK WILLIAM NICKLAUS
Birth 1940.1/21

トカレフスキー灯台

1月22日

Quotes of January 22

迷ったら前へ。
苦しかったら前に。
つらかったら前に。
後悔するのはそのあと、
そのずっとあとでいい。

——星野仙一（野球監督）

金角湾

SENICHI HOSHINO
Birth 1947.1/22

Quotes of January 23

1月23日

幸福がこのうえなく大きいとき、そこには微笑みと涙が生まれる。

—— スタンダール（作家）

STENDHAL
Birth 1783.1/23

グアム

1月24日

もっと自由に、
もっと愚かに。
策略の少ない世界を
生きるために。

── エド・ヘルムズ（俳優）

白米千枚田

ED HELMS
Birth 1974.1/24

Quotes of January 25

1月25日

劣等感に押しつぶされまい というがんばりが、 その人の成長につながる。 劣等感のない人間など あるはずがないが、 もしあったとしたら、 味気ない人間に違いない。

——石ノ森章太郎 漫画家

SHOTARO ISHINOMORI
Birth 1938.1/25

東京タワー

Quotes of January 26

1月26日

すべてのストレスは、
わたしたちに傷跡を残していきます。
しかしそれは、
同じようなストレスに襲われたときに
今度はわたしたちを
守ってくれるのです。

——ハンス・セリエ（生理学者）

美瑛

HANS SELYE
Birth 1907.1/26

Quotes of January 27

1月27日

どっちへ行きたいか
わからなければ
どっちの道へ行ったって
たいした違いはないさ。

——ルイス・キャロル・作家

LEWIS CARROLL
Birth 1832.1/27

秩父高原牧場

Quotes of January 28

1月28日

わたしはいま、生きることに夢中だ。話ができること、見えること、音が聞こえること、歩けること、音楽や絵画を楽しめること、それはまったくの奇跡だ。

――アルトゥール・ルービンシュタイン（ミュージシャン）

国営ひたち海浜公園

ARTHUR RUBINSTEIN
Birth 1887.1/28

1月29日

Quotes of January 29

月は太陽に照らされて光る。
他者があって、自分があるという
その深みに惹かれたのです。
人とつながってこそ
自分がある。
人生もそうありたいですね。

——毛利衛（宇宙飛行士）

知床の流氷

MAMORU MOHRI
Birth 1948.1/29

1月30日

つねに温かく誠実な
1人の女性があるとしたら、
社会的にどんなに見映えのしない
存在であろうとも、
その人こそ
世の中を善くする
大きな原動力であると思います。

―― 長谷川町子（漫画家）

大洗磯前神社

MACHIKO HASEGAWA
Birth 1920.1/30

Quotes of January 31

1月31日

January

ゆっくりと人生を味わおう。
生き急いでいたら
周りの景色を見逃すだけじゃなく、
どこに向かって進んでいるのか
その理由まで見落としてしまう。

——エディ・カンター（俳優）

富士山

EDDIE CANTOR

Birth 1892.1/31

2月

February

Quotes of 365 days from the Great minds

Quotes of February 1

2月1日

大丈夫、心配するな。
なんとかなる。

——一休宗純（僧侶）

ゴビ砂漠

IKKYU SOJUN

Birth 1394.2/1

2月2日

Quotes of February 2

泥臭くてもいいから、人生を見せてほしい。

——天龍源一郎（レスラー）

ウランバートル

GENICHIRO TENRYU
Birth 1950.2/2

2月3日

たとえ、歳月を重ねた奮闘が
少しも報われないと思えるときでも、
いつの日か
その努力にちょうど見合うだけの光が
あなたの魂にみなぎるものです。

── シモーヌ・ヴェイユ（哲学者）

SIMONE WEIL
Birth 1909.2/3

Quotes of February 4

2月4日

我々の人生は、我々の後にも前にも側にもなく、我々の中にある。

——ジャック・プレヴェール 作家

香港

JACQUES PRÉVERT
Birth 1900.2/4

Quotes of February 5

2月5日

相手に勝つことが勝利じゃない。
自分に勝つことがほんとうの勝利だ。

── ロジャー・ストーバック（アメリカンフットボール選手）

ROGER STAUBACH
Birth 1942.2/5

月牙泉

Quotes of February 6

2月6日

人間が、いちばんうれしいことはなんだろう？実に単純なことです。人は人を喜ばせることがいちばんうれしい。

—— やなせたかし（絵本作家）

ラルンガル僧院

TAKASHI YANASE
Birth 1919.2/6

Quotes of February 7

2月7日

この世に
生きる価値のない人などいない。
人はだれでも、
だれかの重荷を軽くしてあげることが
できるのだから。

——チャールズ・ディケンズ（作家）

張掖丹霞地貌

CHARLES DICKENS
Birth 1812.2/7

Quotes of February 8

2月8日

ほんとうに悪い天気なんてものはない。
ただ、さまざまな種類の「いい天気」があるだけだ。

ジョン・ラスキン（評論家）

キナバル山

JOHN RUSKIN
Birth 1819.2/8

Quotes of February 9

2月9日

人と人とのあいだを
美しく見よう。
わたしと人とのあいだを
美しく見よう。

——八木重吉（詩人）

JUKICHI YAGI

Birth 1898.2/9

紅海灘

Quotes of February 10

2月10日

人は生きるために生まれてきたのだ。生きる準備のためではない。

——ボリス・パステルナーク（詩人）

羅平

BORIS PASTERNAK
Birth 1890.2/10

Quotes of February 11

2月11日

時間の使い方は、そのまま命の使い方。

── 渡辺和子(修道女)

KAZUKO WATANABE
Birth 1927.2/11

キャメロンハイランド

Quotes of February 12

2月12日

大切なのは夢の大小ではなく、
またそれが実現できたかでもなく、
その夢に向かって
どれだけ心をかけることができたか。
心の大小が大切だ。

—— 植村直己（登山家）

チョコレート・ヒルズ

NAOMI UEMURA
Birth 1941.2/12

Quotes of February 13

2月13日

いわゆる無垢なるものだけが純潔なのではなくて、「不正」と、間違いと、人間性の油でそれらの汚れを弾きとばしながら生きていく。そこに純潔性があると思う。

——宮本百合子（作家）

バイカル湖

YURIKO MIYAMOTO
Birth 1899.2/13

Quotes of February 14

2月14日

よく生きた者が
よく死ぬことができる。
それは、
よく働く者が
よく眠ると同じこと。

——中川一政 芸術家

マラッカ水上モスク

KAZUMASA NAKAGAWA
Birth 1893.2/14

Quotes of February 15

2月15日

February

幸せは、開けっ放しにしたことを忘れていたドアからこっそりと入ってくる。

——ジョン・バリモア（俳優）

JOHN BARRYMORE

Birth 1882.2/15

パラワン島

Quotes of February 16

2月16日

自由なんてものは、
そもそも
人からもらうものではないぞ。

――真船豊〔作家〕

タムコック

YUTAKA MAFUNE
Birth 1902.2/16

Quotes of February 17

2月17日

10本連続でシュートを外しても
ためらわない。
次の1本が成功すれば、
それは100本連続で成功する
最初の1本目かもしれない。

——マイケル・ジェフリー・ジョーダン（バスケットボール選手）

ノンハン湖

MICHAEL JEFFREY JORDAN
Birth 1963.2/17

Quotes of February 18

2月18日

1人で見る夢は夢でしかない。しかし、だれかと見る夢は現実だ。

——オノ・ヨーコ（芸術家）

ハロン湾

YOKO ONO
Birth 1933.2/18

2月19日

Quotes of February 19

人間はね、負ける勇気が必要なときもあるんだよ。

――藤岡弘、（俳優）

ワット・アルンラーチャワラーラーム

HIROSHI FUJIOKA
Birth 1946.2/19

2月20日

Quotes of February 20

ほかのだれかに
なりたがることは、
自分らしさの
むだづかいだ。

——カート・コバーン（ミュージシャン）

ホイアン

KURT COBAIN
Birth 1967.2/20

2月21日

Quotes of February 21

生きることで、苦しむことで、過ちを犯すことで、身を危険にさらすことで、与えることで、愛することで、わたしは生き延びている。

―― アナイス・ニン（作家）

ANAIS NIN
Birth 1903.2/21

イーペン祭り

2月22日

Quotes of February 22

あきらめを十分に用意しておくことも、人生の旅には必要なんだよ。

――アルトゥル・ショーペンハウアー（哲学者）

アンコール・ワット

ARTHUR SCHOPENHAUER
Birth 1788.2/22

Quotes of February 23

2月23日

人は必要なだけ転ぶ。

——マーク・ネポ（哲学者）

MARK NEPO

Birth 1951.2/23

ボロブドゥール

Quotes of February 24

2月24日

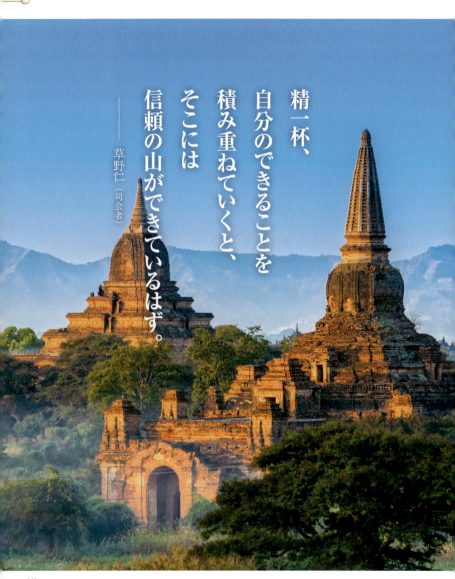

精一杯、
自分のできることを
積み重ねていくと、
そこには
信頼の山ができているはず。

——草野仁（司会者）

パガン

HITOSHI KUSANO
Birth 1944.2/24

Quotes of February 25

2月25日

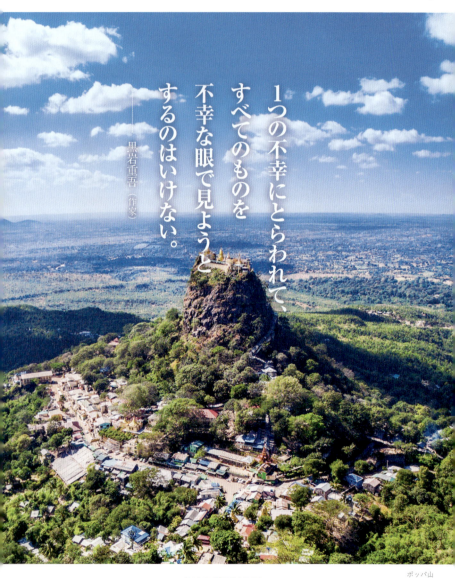

1つの不幸にとらわれて、すべてのものを不幸な眼で見ようとするのはいけない。

――黒岩重吾（作家）

JUGO KUROIWA
Birth 1924.2/25

ポッパ山

2月26日

Quotes of February 26

人生は意義ある悲劇だ。
それで美しいのだ。
生き甲斐がある。

——岡本太郎（芸術家）

ウスチュルト台地

TARO OKAMOTO
Birth 1911.2/26

Quotes of February 27

2月27日

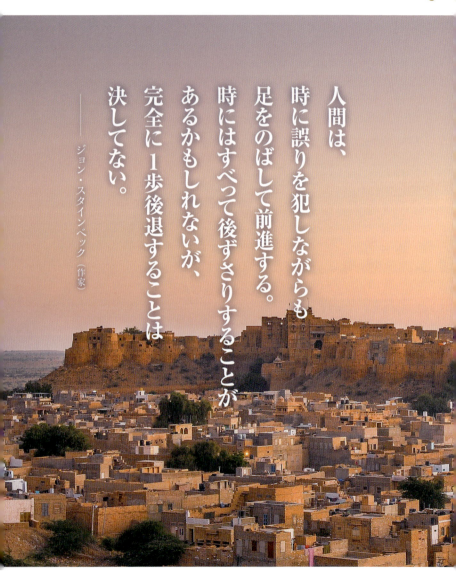

人間は、時に誤りを犯しながらも足をのばして前進する。時にはすべって後ずさりすることがあるかもしれないが、完全に1歩後退することは決してない。

──ジョン・スタインベック（作家）

JOHN STEINBECK
Birth 1902.2/27

ジャイサルメール

2月28日

Quotes of February 28

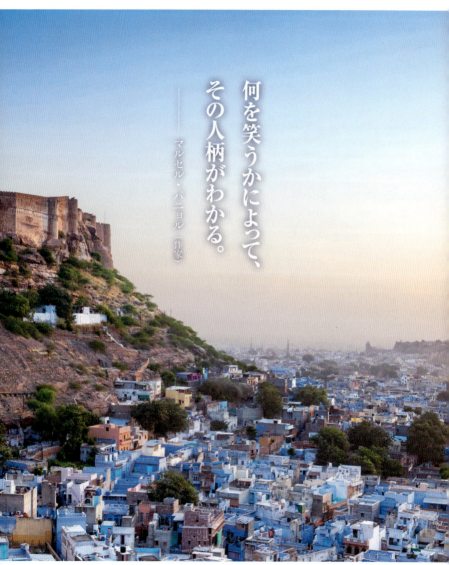

何を笑うかによって、その人柄がわかる。

——マルセル・パニョル（作家）

ジョードプル

MARCEL PAGNOL
Birth 1895.2/28

3 月

March

Quotes of 365 days from the Great minds

Quotes of March 1

3月1日

すべての日が、それぞれの贈りものを持っている。

マルクス・ウァレリウス・マルティアリス（詩人）

ボダナート

MARCUS VALERIUS MARTIALIS
Birth 40.3/1

3月2日

Quotes of March 2

おしまいだからって
泣かないで。
それを経験できたことに
笑顔になろうよ。

——ドクター・スース（鈴木作家）

モルディブの水上コテージ

DR.SEUSS
Birth 1904.3/2

Quotes of March 3

3月3日

だれもが歩いていて
どの道も間違っていない。
よく生きるとは、
何よりもまず
自分のした選択や
自分のいまの仕事に
文句を言わないことだ。

― アラン［哲学者］

パムッカレ

ALAIN
Birth 1868.3/3

Quotes of March 4

3月4日

パーフェクトな人生なんか目指さなくていいから、大冒険の人生にしてみたらいい。

——ドリュー・ヒューストン（実業家）

DREW HOUSTON
Birth 1983.3/4

カッパドキア

Quotes of March 5

3月5日

人間は、現状を否定することからのみ、成長できます。

——似鳥昭雄（実業家）

ガラタ塔

AKIO NITORI
Birth 1944.3/5

Quotes of March 6

3月6日

おおよそ完全無欠な仕事というものは、多くの小さな注意と小さな仕事とが相集って成る。

——ミケランジェロ・ブオナローティ（芸術家）

スルタンアフメト・モスク

MICHELANGELO BUONARROTI
Birth 1475.3/6

3月7日

Quotes of March 7

希望のはらまない絶望はない。

石川淳（作家）

アヤソフィア

JUN ISHIKAWA
Birth 1899.3/7

Quotes of March 8

3月8日

しないではいられないことを
し続けなさい。

——水木しげる 挿絵画家

SHIGERU MIZUKI
Birth 1922.3/8

プレオブラジェンスカヤ教会

3月9日

Quotes of March 9

人が起こした問題に解決できないものなどありません。

——カルロス・ゴーン（実業家）

聖ワシリイ大聖堂

CARLOS GHOSN
Birth 1954.3/9

Quotes of March 10

3月10日

あなたが間違ったとしても、それは行動を間違っただけであって、あなたの価値を否定するものではありません。

——マクスウェル・マルツ（作家）

MAXWELL MALTZ
Birth 1889.3/10

セレンゲティ国立公園

Quotes of March 11

3月11日

わたしは決して
強い人間ではありません。
ただ、運があった。
その運は、
努力をしている人間にしか来ない。

——白鵬翔（力士）

ンゴロンゴロ保全地域

SYO HAKUHO
Birth 1985.3/11

Quotes of March 12

3月12日

賢い人は、
人を恨むことは
自分を傷つけることだと
理解している。

―― アール・ナイチンゲール（作家）

EARL NIGHTINGALE
Birth 1921.3/12

キリマンジャロ

3月13日

Quotes of March 13

人生は希望を
6割達成できればまあまあいい。
7割いけば上出来である。
8割できれば感謝すべきなのである。

——藤田田（実業家）

ノジー・イランジャ島

DEN FUJITA
Birth 1926.3/13

3月14日

人の一生で
もっとも大切なのは
「安心」です。
100歳の寿命も、
1日の安心には代え難い。

――徳富蘇峰《想片》

バオバブの並木道

SOHO TOKUTOMI
Birth 1863.3/14

Quotes of March 15

3月15日

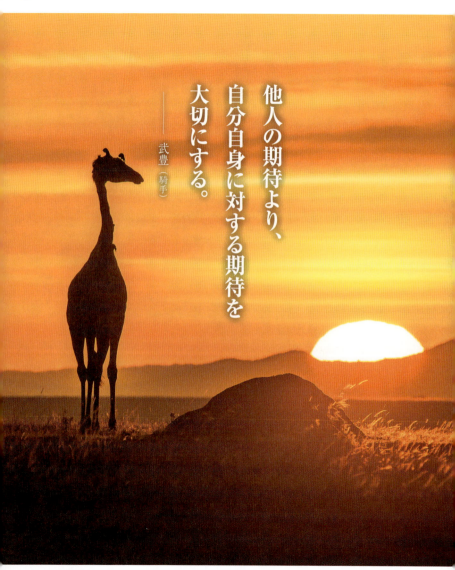

他人の期待より、自分自身に対する期待を大切にする。

——武豊（騎手）

マサイマラ国立保護区

YUTAKA TAKE

Birth 1969.3/15

Quotes of March 16

3月16日

現実の世界には
成功の保証や
行きたいところに確実に運んでくれる
線路はありません。
でも保証できることが
1つあります。
やってみなければ決して何も起きない
ということです。

——アリス・ホフマン（作家）

ナクル湖

ALICE HOFFMAN

Birth 1952.3/16

3月17日

Quotes of March 17

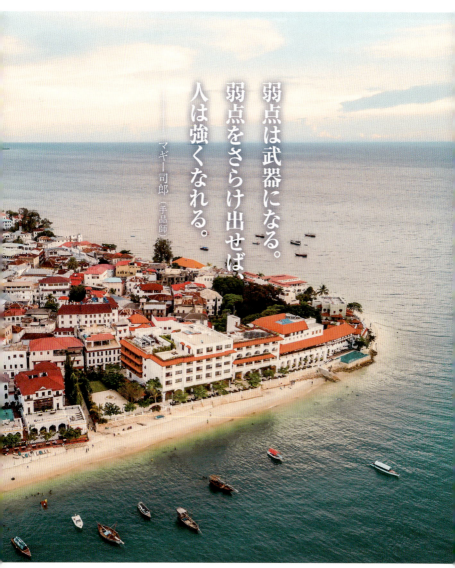

弱点は武器になる。
弱点をさらけ出せば、
人は強くなれる。

——マギー司郎（手品師）

ザンジバル島

MAGGIE SHIRO
Birth 1946.3/17

Quotes of March 18

3月18日

他人の中に見出す欠点は、あなた自身の中にあるものの反映である。

——エドガー・ケイシー（霊能者）

ナマクアランド

EDGAR CAYCE

Birth 1877.3/18

3月19日

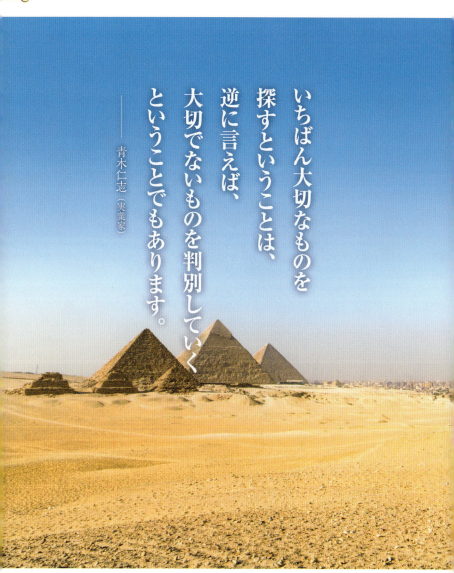

いちばん大切なものを
探すということは、
逆に言えば、
大切でないものを判別していく
ということでもあります。

——青木仁志（実業家）

ギザのピラミッド

SATOSHI AOKI
Birth 1955.3/19

3月20日

Quotes of March 20

楽しみは「ある・なし」ではなく、「感じるか否か」。

——清川妙（作家）

TAE KIYOKAWA
Birth 1921.3/20

ファラフラの白砂漠

3月21日

「できること」が増えるより、
「楽しめること」が増えるのが
いい人生。
―― 斎藤茂太（医師）

ナイル川

SHIGETA SAITO
Birth 1916.3/21

3月22日

Quotes of March 22

今日は、残りの人生の最初の日。

——チャールズ・E・デデリック（実業家）

CHARLES E. DEDERICH
Birth 1913.3/22

シャルム・エル・シェイク

3月23日

Quotes of March 23

利己的な人は、
自分を愛しすぎるのではなく、
愛さなすぎるのです。

——エーリッヒ・フロム（哲学者）

カイロ

ERICH FROMM
Birth 1900.3/23

3月24日

Quotes of March 24

わたしはあなたの行く道をついていこう。
手に手をたずさえよう。
あなたがわたしを助けてくれれば、
わたしもあなたを助ける。
わたしたちはこの世に長くはいない。
間もなく「死」という
やさしい子守り女がやって来て、
わたしたちをみな
ゆりかごで眠らせてくれる。
だからこの世にいるうちに人を助けよう。

―― ウィリアム・モリス（デザイナー）

WILLIAM MORRIS

Birth 1834.3/24

死海

Quotes of March 25

3月25日

仕事をするときは、
上機嫌でやりなさい。
そうすれば、
仕事ははかどり、
体も疲れないものだ。

アドルフ・ワグナー　経済学者

ネタニヤ

ADOLF WAGNER
Birth 1835.3/25

3月26日

Quotes of March 26

人生で学んだすべては
3語にまとめられる。
It goes on.
それは、
何があっても人生には続きがある
ということだ。

── ロバート・フロスト（詩人）

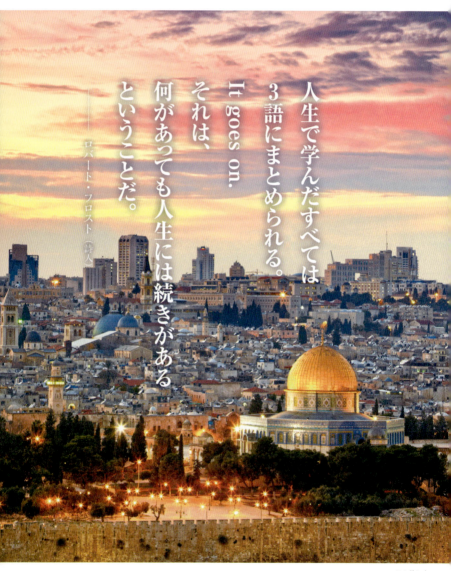

ROBERT FROST

Birth 1874.3/26

エルサレム

March / Quotes of March 27

3月27日

より少ないことは、より豊かなこと。

—— ルートヴィヒ・ミース・ファン・デル・ローエ（建築家）

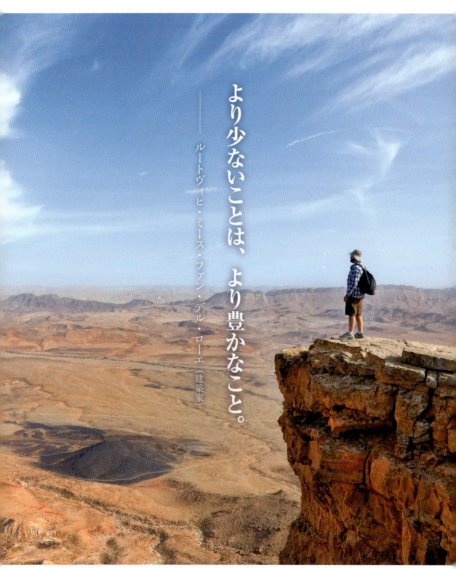

ネゲヴ砂漠

LUDWIG MIES VAN DER ROHE
Birth 1886.3/27

3月28日

Quotes of March 28

わたしはほんの少しのことで
世界を変えられると思っています。
わたしたちそれぞれが
ほんの少しだけ自分自身を変え、
少しだけもっと親切に、
愛情を示し、寛容になれたとしたら…。
簡単に世界を変えることができると
信じています。

――レディー・ガガ（ミュージシャン）

LADY GAGA
Birth 1986.3/28

ナミブ砂漠

Quotes of March 29

3月29日

正義を振りかざし
人の悪事を
声高に世間に向かって叫ぶのは、
相手の心を
深く傷つけることによって
自分が快感を得ているだけに
すぎません。

——廣池千九郎〔教育者〕

デッドフレイ

CHIKURO HIROIKE

Birth 1866.3/29

Quotes of March 30

3月30日

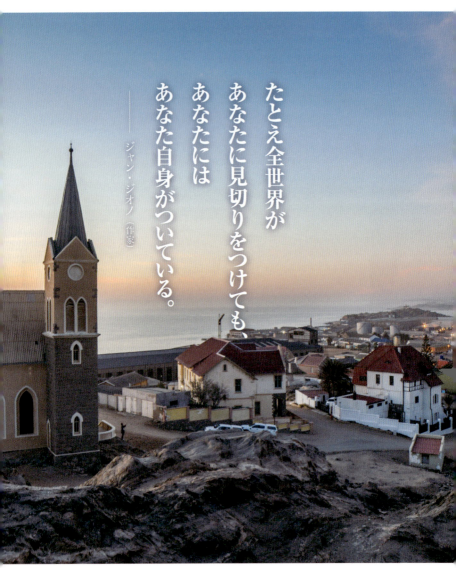

たとえ全世界が
あなたに見切りをつけても、
あなたには
あなた自身がついている。

——ジャン・ジオノ（作家）

JEAN GIONO

Birth 1895.3/30

リューデリッツ

3月31日

Quotes of March 31

きっぱり「ノー」と言えることが、人生を楽にしてくれる。

——大島渚（映画監督）

バザルト島

NAGISA OSHIMA
Birth 1932.3/31

4
月

April

Quotes of 365 days from the Great minds

4月1日

Quotes of April 1

木はその根っこを大地に持ちながら
空に向かって伸びていきます。
大志を持つためには
地に足を着けていなければならないし、
どんなに高く伸びても、
わたしたちはその根っこから
滋養をもらっているのです。

—— ワンガリ・マータイ（政治家）

マカディカディパン国立公園

WANGARI MAATHAI
Birth 1940.4/1

Quotes of April 2

4月2日

目は目を見ることができない。
指は指をさすことができない。
だれでも自分のことは
案外わからないものです。

——ハンス・クリスチャン・アンデルセン〔作家〕

HANS CHRISTIAN ANDERSEN
Birth 1805.4/2

ウスペンスキー大聖堂

Quotes of April 3

4月3日

悲しみは解ける。
5月の雪のように。
そんなに冷たいものなどは
ありはしないように。

——ジョージ・ハーバート（詩人）

ラップランド

GEORGE HERBERT
Birth 1593.4/3

4月4日

Quotes of April 4

人生は純粋な冒険です。そのことに早く気がついた人ほど、人生を芸術のように大切にできるでしょう。

——マヤ・アンジェロウ（ミュージシャン）

MAYA ANGELOU
Birth 1928.4/4

ヘルシンキ

4月5日

わたしたちは、日々同じことを繰り返して生活していきますが、その眼はつねにもっと大きなことを見るためにあるのです。

——ファレル・ウィリアムス（ミュージシャン）

サンタクロース村

PHARRELL WILLIAMS
Birth 1973.4/5

Quotes of April 6

4月6日

人の強さって
振り子みたいなもの。
きちんと悲しんでいる人は
そのぶん強くなれるし、
儚さやせつなさを知っている人は
燃える力がある。

——宮沢りえ（女優）

パルテノン神殿

RIE MIYAZAWA
Birth 1973.4/6

Quotes of April 7

4月7日

人生はすべての闘いに
勝つ必要はない。
自分にとって
意味のある闘いに
勝てばいい。

——ジャッキー・チェン（俳優）

メテオラ

JACKIE CHAN
Birth 1954.4/7

Quotes of April 8

4月8日

「着崩す」という言葉が
あるんだから、
「生き崩す」ってあっても
いいと思うのよね。

── 桃井かおり（女優）

KAORI MOMOI

Birth 1951.4/8

ケルキラ島

4月9日

Quotes of April 9

勇気を出して、ほかのことは考えないで、いまきみのすべきことをするんだ。

―― 吉野源三郎 作家

ケファロニア島

GENZABURO YOSHINO
Birth 1899.4/9

Quotes of April 10

4月10日

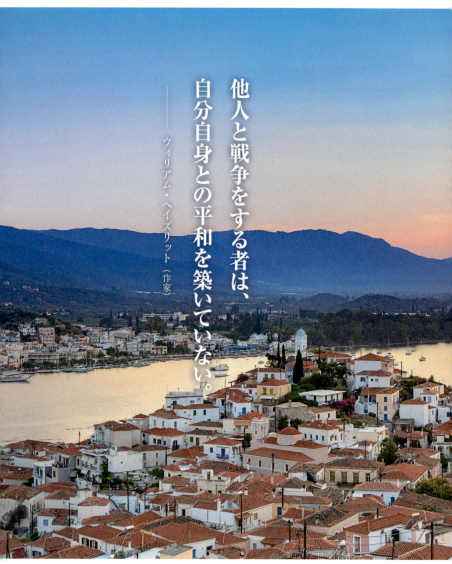

他人と戦争をする者は、自分自身との平和を築いていない。

——ウィリアム・ヘイズリット（作家）

WILLIAM HAZLITT
Birth 1778.4/10

ポロス島

4月11日

Quotes of April 11

人間は、孤独な反省に頼っておのれを知るようには決してつくられてはいないのである。つねに他人が必要だ、いや他人を信じることが、他人に信じられることが。

——小林秀雄（評論家）

ハニア

HIDEO KOBAYASHI
Birth 1902.4/11

Quotes of April 12

4月12日

人間のもっとも偉大な力とは、その人のいちばんの弱点を克服したところから生まれてくるものである。

——デイヴィッド・レターマン（司会者）

DAVID LETTERMAN
Birth 1947.4/12

サントリーニ島

Quotes of April 13

4月13日

わたしたちの時代を
悪く言うのはやめよう。
これまでの時代にくらべて
いっそう悪いということはない。

——サミュエル・ベケット（劇作家）

ミコノス島

SAMUEL BECKETT
Birth 1906.4/13

4月14日

Quotes of April 14

ベストを尽くせばいい。それ以上のことなんてだれにもできはしないのだから。

——アーノルド・ジョゼフ・トインビー（歴史学者）

ARNOLD JOSEPH TOYNBEE
Birth 1889.4/14

ロドス島

4月15日

Quotes of April 15 / April

いまこそあなたが思い描いた人生を生きるときです。

——ヘンリー・ジェイムズ（作家）

ラヘマー国立公園

HENRY JAMES
Birth 1843.4/15

Quotes of April 16

4月16日

忘れないで。
いつも身をかがめていたら、
何も拾いあげられないんだよ。

チャールズ・チャップリン（俳優）

サーレマー島

CHARLES CHAPLIN
Birth 1889.4/16

Quotes of April 17

4月17日

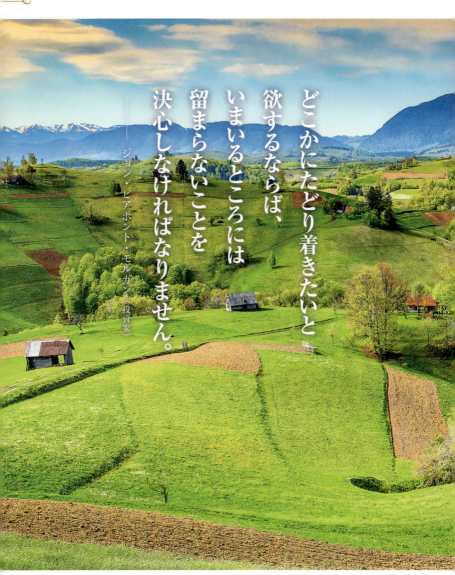

どこかにたどり着きたいと欲するならば、いまいるところには留まらないことを決心しなければなりません。

——ジョン・ピアポント・モルガン（投資家）

ホルバウ

JOHN PIERPONT MORGAN
Birth 1837.4/17

4月18日

Quotes of April 18

毎日1つのことを学べば、1つの謎が消える。だから、昨日よりも今日、今日よりも明日の方が世界はシンプルになっていく。

―― 出口治明（実業家）

HARUAKI DEGUCHI
Birth 1948.4/18

トランシルヴァニア

4月19日

Quotes of April 19

April

悪いことするなら大胆にやるべきよ。びくびくやったって受ける罪は同じなんだから。

——ジェーン・マンスフィールド 女優

タリン

JAYNE MANSFIELD
Birth 1933.4/19

Quotes of April 20

4月20日

美しさとは、心の持ち方。
「わたしは愛されている価値がある」
と信じること。
——ミランダ・カー（モデル）

MIRANDA KERR
Birth 1983.4/20

キエフ

4月21日

人生とは、
良いカードを持つことではない。
持ち札の中で
最高のプレーをすること、
それが人生の醍醐味である。

——ジョシュ・ビリングス（作家）

リガ

JOSH BILLINGS
Birth 1818.4/21

Quotes of April 22

4月22日

疑う余地のない
純粋なよろこびの1つは、
勤勉のあとの休息である。

―― イマヌエル・カント（哲学者）

ティハニ

IMMANUEL KANT
Birth 1724.4/22

Quotes of April 23

4月23日

どんなばかげた考えでも、
行動を起こさないと
世界は変わらない。

―マイケル・ムーア(映画監督)

オルチャ渓谷

MICHAEL MOORE
Birth 1954.4/23

Quotes of April 24

4月24日

人間にとって大切なのは、何を恥と思うかです。

―― つかこうへい（劇作家）

TSUKA KOHEI
Birth 1948.4/24

サンマリノ

4月25日

Quotes of April 25

昨日の不可能が今日の可能となり、前世紀の空想がいまや事実として我々の眼前に出現している。実におそろしいものは人間の努力である。

——グリエルモ・マルコーニ（発明家）

サグラダ・ファミリア

GUGLIELMO MARCONI
Birth 1874.4/25

Quotes of April 26

4月26日

きみ自身がきみの世界だ。
きみの生き方で、
きみの世界は
いくらでも良くなっていく。

——ルートヴィヒ・ウィトゲンシュタイン（哲学者）

LUDWIG WITTGENSTEIN
Birth 1889.4/26

マントン

April

Quotes of April 27

4月27日

はじまりはいつも今日です。

―― メアリ・ウルストンクラフト（作家）

チンクエ・テッレ

MARY WOLLSTONECRAFT
Birth 1759.4/27

イタリア

Quotes of April 28
4月28日

カッコ悪くたっていいのだ。
カッコ悪さを
おそれてはいけない。
恥ずかしがってはいけない。
どんな格好でも
真剣に生きる姿は美しいのだ。

――千秋実（俳優）

MINORU CHIAKI
Birth 1917.4/28

リクヴィール

4月29日

Quotes of April 29

人はその愚かさゆえに、尊く愛しい。

——coba（ミュージシャン）

スピシュスキー城

COBA
Birth 1959.4/29

Quotes of April 30

4月30日

頭はときどき空っぽにして
可能性に席を空けてやろう。

―― ラリー・ニーヴン（作家）

LARRY NIVEN
Birth 1938.4/30

ロフォーテン諸島

5
月

May

Quotes of 365 days from the Great minds

Quotes of May 1

5月1日

人間の幸せとは、金でも地位でもない。天職に就いているという気持ちで、元気に働いている満足感である。

―― 小島直記（作家）

NAOKI KOJIMA
Birth 1919.5/1

キルナ

5月2日

Quotes of May 2

雑草のように踏みつけられたら、
寝たふりをなさい。
その間に
あなたは栄養を蓄えるのです。
次に新しい芽を
出すことを信じて。

——夏木マリ（女優）

バローロの丘

MARI NATSUKI
Birth 1952.5/2

5月3日

Quotes of May 3

厄介なのが成功体験です。世の中は変わったのに「以前はこれで成功した」とか「なんで変えるのか」と言い出した途端、成長は止まります。

――豊田章男（実業家）

AKIO TOYODA

Birth 1956.5/3

ベネチア

5月4日

死を前にしたとき、みじめな気持ちで人生を振り返らなくてはならないとしたら、いやな出来事や逃したチャンス、やり残したことばかりを思い出すとしたら、とても不幸なことだと思うの。

——オードリー・ヘップバーン（女優）

キンデルダイク

AUDREY HEPBURN
Birth 1929.5/4

Quotes of May 5

5月5日

豊かな人間とは、自身が富であるようなる人間のことであって、富を持つ人間のことではない。

——カール・ハインリヒ・マルクス（哲学者）

KARL HEINRICH MARX
Birth 1818.5/5

プラチスラヴァ

Quotes of May 6

5月6日

いつも自分が正しいと思うことが問題なのは、間違っているのはつねに他人ということになるからさ。

——ケン・ブランチャード（作家）

ザグレブ

KEN BLANCHARD
Birth 1939.5/6

Quotes of May 7

5月7日

たとえどんなに小さくても、進歩は進歩である。

——ロバート・ブラウニング（詩人）

ROBERT BROWNING
Birth 1812.5/7

ポリニャーノ・ア・マーレ

Quotes of May 8

5月8日

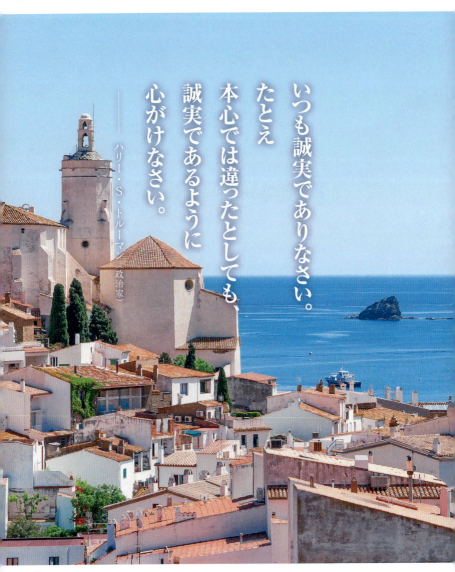

いつも誠実でありなさい。
たとえ
本心では違ったとしても
誠実であるように
心がけなさい。

——ハリー・S・トルーマン 政治家

カダケス

HARRY S. TRUMAN
Birth 1884.5/8

Quotes of May 9

5月9日

小さいうれしいことをふくらませていこう。

——森光子（女優）

MITSUKO MORI
Birth 1920.5/9

サン＝ジャン＝ダルヴ

Quotes of May 10

5月10日

覚悟を決めた恐怖心、それが勇気だ。

——カール・バルト〔神学者〕

トロルの舌

KARL BARTH

Birth 1886.5/10

Quotes of May 11

5月11日

世界にあなたは1人しかいないのだから、自信を持って、あなた自身で踏み出してください。

——マーサ・グレアム（舞踏家）

MARTHA GRAHAM
Birth 1894.5/11

レマン湖

Quotes of May 12

5月12日

行く手をふさがれたら、回り道で行けばいいのよ。

――メアリー・ケイ・アッシュ

レーヌ

MARY KAY ASH

Birth 1918.5/12

Quotes of May 13

5月13日

人生はまさに、即興劇そのものです。自分が進んでいく中でつくり上げていくものなのです。

——スティーヴン・コルベア

STEPHEN COLBERT
Birth 1964.5/13

キューケンホフ公園

5月14日

Quotes of May 14

あなたが何に焦点を当てるかによって、あなたの現実は変わる。

——ジョージ・ルーカス、映画監督

ケルン大聖堂

GEORGE LUCAS
Birth 1944.5/14

5月15日

Quotes of May 15

ほんとうに正しいことのために戦ったのなら、負けても恥じることはない。

―― キャサリン・アン・ポーター（作家）

KATHERINE ANNE PORTER
Birth 1890.5/15

セーヌ川

May

Quotes of May 16

5月16日

自分にもっとやさしくなってもいいのよ。

――アドリエンヌ・リッチ（詩人）

トラウン湖

ADRIENNE RICH

Birth 1929.5/16

5月17日
Quotes of May 17

欲望とは、非常に強力な原動力である。

―― アラン・カーティス・ケイ

ALAN CURTIS KAY
Birth 1940.5/17

アマルフィ

5月18日

愚かさもまた、神からの恵みである。しかし決してそれを誤用してはならない。

―― ヨハネ・パウロ2世（宗教家）

ピラン

JOHN PAUL II
Birth 1920.5/18

5月19日

あなたは自分の人生の犠牲者ではなく、まずは人生のヒロインでありなさい。

── ノーラ・エフロン（映画監督）

NORA EPHRON
Birth 1941.5/19

モン・サン・ミッシェル

5月20日

Quotes of May 20

ぜひ家族を持ってください。
家族というものは、単純に血のつながった人間ということではありません。
そうではなくて、「考え方の家族」という意味です。
同じように考える人です。
人生を1人で歩まないでください。

——ホセ・アルベルト・ムヒカ・コルダーノ（政治家）

ザルツァハ川

JOSÉ ALBERTO MUJICA CORDANO
Birth 1935.5/20

Quotes of May 21

5月21日

人間の最大の魔法は、おそらく笑うことよ。

—— トリイ・ヘイデン（心理学者）

TOREY HAYDEN
Birth 1951.5/21

コート・ダジュール

Quotes of May 22

5月22日

人間は、生きている間が花である。わずかな短い浮世である。

――牧野富太郎（植物学者）

ストックホルム

TOMITARO MAKINO
Birth 1862.5/22

5月23日

Quotes of May 23

人生80年とすると、日数にすると3万日しかない。27歳が1万日、54歳が2万日、80歳で3万日となる。人生を計画的に生きないとだめですよ。

——中丸薫（評論家）

クルコノシェ山脈

KAORU NAKAMARU
Birth 1937.5/23

5月24日

Quotes of May 24

ヒーローとは、自分の自由に伴う責任を理解している人のことだ。

―― ボブ・ディラン（ミュージシャン）

ドルドーニュ川

BOB DYLAN
Birth 1941.5/24

5月25日

Quotes of May 25

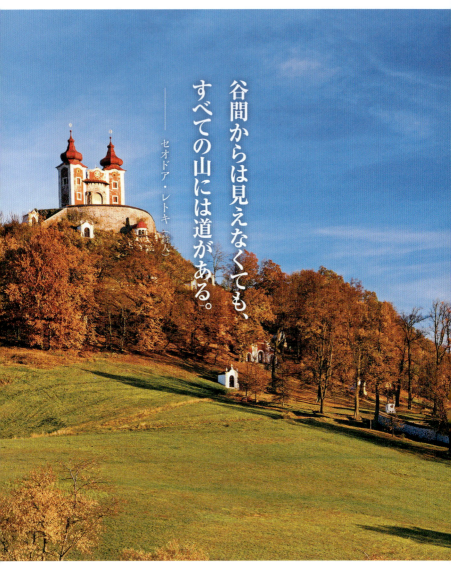

谷間からは見えなくても、すべての山には道がある。

——セオドア・レトキ（詩人）

THEODORE ROETHKE
Birth 1908.5/25

スピシュスキー城

Quotes of May 26

5月26日

他人が何か言ってきても、重要なことでなければ、「勝手にしゃがれ」と言うことにした。

——マイルス・デイヴィス（ミュージシャン）

ザルツブルク

MILES DAVIS
Birth 1926.5/26

Quotes of May 27

5月27日

「知る」ことは、「感じる」ことの半分も重要ではありません。

——レイチェル・カーソン（生物学者）

RACHEL CARSON
Birth 1907.5/27

ハルシュタット

Quotes of May 28

5月28日

信頼とは、
年を重ねた胸の中で
ゆっくりと育つ
植物なのです。

——ウィリアム・ピット（政治家）

ミクロフ城

WILLIAM PITT
Birth 1759.5/28

5月29日

Quotes of May 29

あせらず、
おこらず、
あきらめず。

――美空ひばり（歌手）

HIBARI MISORA

Birth 1937.5/29

コルドバ

Quotes of May 30

5月30日

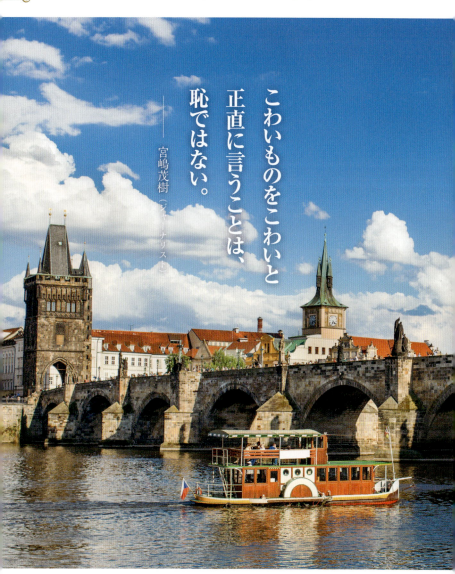

こわいものをこわいと正直に言うことは、恥ではない。

——宮嶋茂樹（ジャーナリスト）

ヴルタヴァ川

SHIGEKI MIYAJIMA
Birth 1961.5/30

Quotes of May 31

5月31日

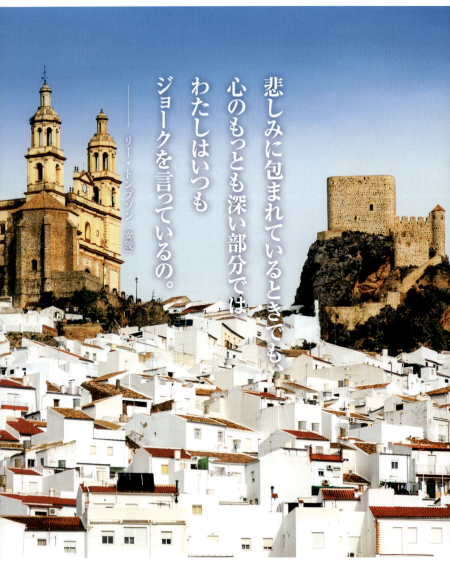

悲しみに包まれているときでも、心のもっとも深い部分では、わたしはいつもジョークを言っているの。

——リー・トンプソン（女優）

LEA THOMPSON
Birth 1961.5/31

オルベラ

6
月

June

Quotes of 365 days from the Great minds

Quotes of June 1

6月1日

「何かアドバイスを」と
よく聞かれますが、
1つだけあります。
とにかく、あきらめずに続けること。
走らなければレースには勝てない。
同じことです。

——モーガン・フリーマン（俳優）

MORGAN FREEMAN
Birth 1937.6/1

シエナ

6月2日

Quotes of June 2

> 分別を忘れないような恋は、そもそも恋ではない。
>
> ——トーマス・ハーディ（作家）

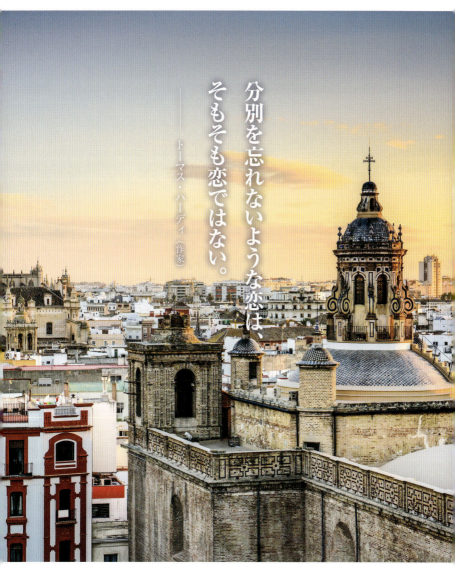

セビリア

THOMAS HARDY

Birth 1840.6/2

Quotes of June 3

6月3日

人は花束のよう。
みんな色が違っていて、
匂いも違う。
だからこそ、
一緒になるとすばらしい。

——ジョセフィン・ベーカー（女優）

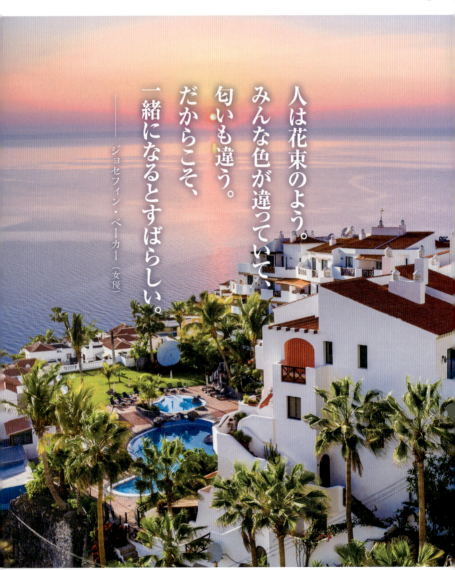

JOSEPHINE BAKER
Birth 1906.6/3

テネリフェ島

6月4日

話せば、わかる。

——犬養毅（政治家）

リュブリャナ

TSUYOSHI INUKAI
Birth 1855.6/4

Quotes of June 5

6月5日

あらゆるものの真価は、それを得るために費やした苦労と困難である。

——アダム・スミス（哲学者）

ADAM SMITH
Birth 1723.6/5

イゾラ

Quotes of June 6

6月6日

勇気ある者は、みな約束を守る人間である。

——ピエール・コルネイユ 劇作家

コペンハーゲン

PIERRE CORNEILLE
Birth 1606.6/6

Quotes of June 7

6月7日

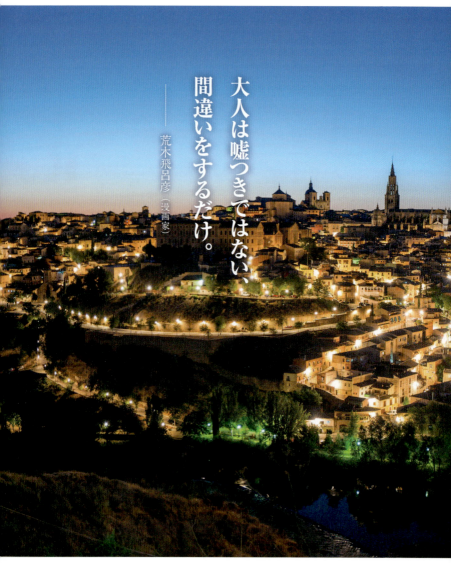

大人は嘘つきではない、間違いをするだけ。

——荒木飛呂彦（漫画家）

HIROHIKO ARAKI
Birth 1960.6/7

トレド

Quotes of June 8

6月8日

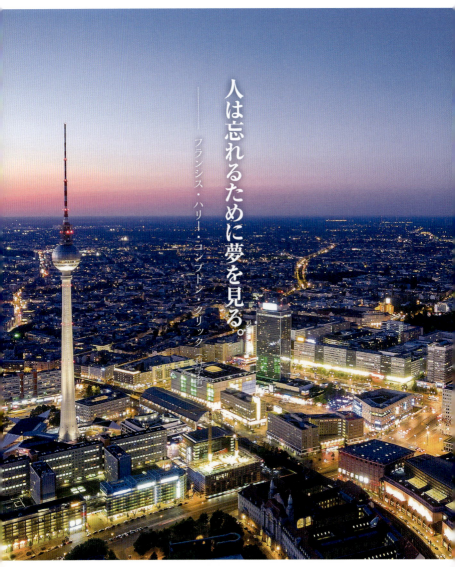

人は忘れるために夢を見る。

――フランシス・ハリー・コンプトン・クリック（科学者）

ベルリン

FRANCIS HARRY COMPTON CRICK

Birth 1916.6/8

6月9日

朝起きて、「自分はだれか」「何になりたいか」など考えないでください。「何がしたいのか」「どこへ行きたいのか」そして「何をつくりたいのか」。いつかなりたいものを考えるのではなく、今日何がしたいのかを考えてください。

―― ベンジ・パセック（作曲家）

BENJ PASEK
Birth 1985.6/9

ツークシュピッツェ

6月10日

Quotes of June 10

> ほかのだれかではなく、自分自身の最高を目指すべきよ。
>
> ジュディ・ガーランド（女優）

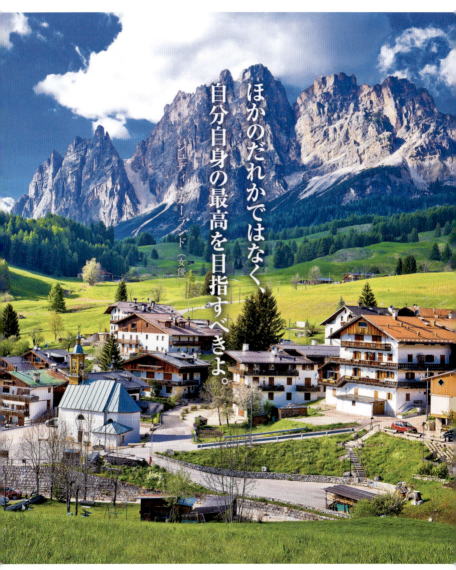

コルティーナ・ダンペッツォ

JUDY GARLAND
Birth 1922.6/10

Quotes of June 11

6月11日

勝利をつかむ者は最後までやめなかった者です。

——ヴィンセント・トマス・ロンバルディ（アメリカンフットボールコーチ）

VINCENT THOMAS LOMBARDI
Birth 1913.6/11

トロントハイム

Quotes of June 12

6月12日

人生は、けちな心配事ばかりしているのには短すぎる。

——チャールズ・キングズリー　作家

ラ・マンチャ

CHARLES KINGSLEY
Birth 1819.6/12

Quotes of June 13

6月13日

できないことを
なんとかしようとするよりも、
できることを
楽しんだ方がいい。
できることの中に、
けっこうたくさん
楽しいことがありますから。

——梅棹忠夫（人類学者）

ブルゲンラントのアブラナ畑

TADAO UMESAO
Birth 1920.6/13

6月14日

Quotes of June 14

一生の間に
1人の人間でも
幸福にすることができれば、
自分の幸福なのだ。

——川端康成（作家）

ピルスム灯台

YASUNARI KAWABATA
Birth 1899.6/14

Quotes of June 15

6月15日

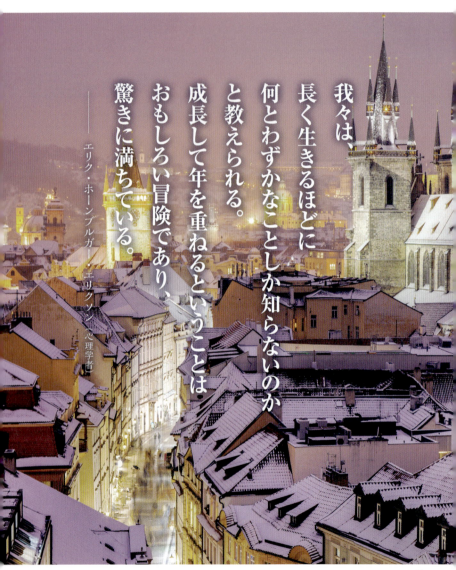

我々は、長く生きるほどに何とわずかなことしか知らないのかと教えられる。成長して年を重ねるということはおもしろい冒険であり、驚きに満ちている。

——エリク・ホンブルガー・エリクソン（心理学者）

ERIK HOMBURGER ERIKSON
Birth 1902.6/15

プラハ

Quotes of June 16

6月16日

乞食でも笑うことがあり、
億万長者でも泣くことがある。
たいしたことはないんじゃ。

沢木興道（僧侶）

バーリ

KODO SAWAKI

Birth 1880.6/16

Quotes of June 17

6月17日

他の人があなたのことを
褒めようが批判しようが
そこに大きな違いはありません。
他の人が何を言おうとも、
それによって
あなたが乱される必要は
ないのです。

——アーチャン・チャー 宗教家

AJAHN CHAH

Birth 1918.6/17

バチカン市国

Quotes of June 18

6月18日

完璧な人間なんてどこにもいないよ。

——ポール・マッカートニー

フィレンツェ

PAUL MCCARTNEY
Birth 1942.6/18

6月19日

Quotes of June 19

どうしても人から批判を受けたくないのなら、何もせず、何も言わないことだ。ただし、それでは生きているとは言えない。

——エルバート・ハバード（作家）

モーリッツブルク城

ELBERT HUBBARD
Birth 1856.6/19

Quotes of June 20

6月20日

何年にもわたって学んだことが1つある。それは、運の要素を過小評価してはいけないということです。

——キャサリン・エアード／作家

コロッセオ

CATHERINE AIRD

Birth 1930.6/20

Quotes of June 21

6月21日

ほんの少しのことしかできないからといって、何もしないのは大きな間違いです。

——ウィリアム・シドニー・スミス

サン・ジョルジョ・マッジョーレ

WILLIAM SIDNEY SMITH
Birth 1764.6/21

Quotes of June 22

6月22日

すべての要求を
満たすことなどできません。
人は海辺の美しい貝がらを
すべて集めることは
できないのです。

——アン・モロー・リンドバーグ（作家）

ニース

ANNE MORROW LINDBERGH
Birth 1906.6/22

Quotes of June 23

6月23日

あなたが願望を抱けるとしたら、それを叶える力があなたの中にあるということだ。

——リチャード・バック（作家）

バルバリア海岸の灯台

RICHARD BACH
Birth 1936.6/23

6月24日

人が豊かであるか貧しいかを決めるのは、その人の持ち物ではなく、その人の人柄である。

——ヘンリー・ウォード・ビーチャー（宗教家）

ノイジードル湖

HENRY WARD BEECHER
Birth 1813.6/24

Quotes of June 25

6月25日

大人はついつい
頭でじっくり考えがちです。
でもそんなことより、
予期せぬ出来事の方が
重要な場合がたくさんあります。

——エリック・カール〈絵本作家〉

ERIC CARLE
Birth 1929.6/25

フライブルク・イム・ブライスガウ

6月26日

Quotes of June 26

さあ、紳士諸君。
のちに世界中が語ることに
なるかもしれない
何かを
今日、しようではないか。

——コリン・ウィルソン（作家）

ローマ

COLIN WILSON
Birth 1931.6/26

Quotes of June 27

6月27日

いちばん大事なことを言います。
心に愛を抱くのは、
ただ、しまっておくため
だけではありません。
愛はほかへ与えられなければ、
愛ではありません。
愛を与える人生を送ってください。
そうすれば、
愛を返してもらえるでしょう。

―― ヘンリー・ロス・ペロー　政治家

HENRY ROSS PEROT
Birth 1930.6/27

トリノ

6月28日

Quotes of June 28

耳に痛い意見を聞くことは大事です。特に友人がそのようなことを言ったら、耳を傾けるべきです。

——イーロン・マスク（実業家）

ELON MUSK
Birth 1971.6/28

ベルン

Quotes of June 29

6月29日

いつも心をいっぱいに動かして生きている人、それが現役です。

——倍賞千恵子（女優）

ブラーノ島

CHIEKO BAISHO

Birth 1941.6/29

6月30日

Quotes of June 30

死んでもだれも
悲しまねえなんて、
そんなやつ
どこにもいねえんだよ。

——マイク・タイソン（ボクサー）

プローチダ島

MIKE TYSON
Birth 1966.6/30

7
月

July

Quotes of 365 days from the Great minds

Quotes of July 1

7月1日

満点は星空だけで十分や。

明石家さんま（芸人）

バルデナス・レアレス

SANMA AKASHIYA

Birth 1955.7/1

Quotes of July 2

7月2日

若い人たちはよく、
「生きがいがない」と言います。
それは当たり前です。
孤立した人には
生きがいはない。
生きがいとは人間関係です。

——石川達三（作家）

TATSUZO ISHIKAWA
Birth 1905.7/2

ノイシュヴァンシュタイン城

Quotes of July 3

7月3日

きみがだれであってもかまわない。人生は挑戦だ。

——トム・クルーズ（俳優）

マッターホルン

TOM CRUISE
Birth 1962.7/3

7月4日

Quotes of July 4

もし苦しみを経験しないで
人生を生きていけるというなら、
あなたはまだ
生まれていないのです。

――ニール・サイモン〔劇作家〕

NEIL SIMON
Birth 1927.7/4

バンスカー・シュチャヴニツァ

Quotes of July 5

7月5日

毎日が新しいはじまりです。

――ポール・スミス（デザイナー）

プロヴァンスのラベンダー畑

PAUL SMITH
Birth 1946.7/5

7月6日

Quotes of July 6

何事かに9回失敗したとしても、それでも、9回の結果を生んだではないか。

―― ダライ・ラマ14世（僧侶）

DALAI LAMA XIV
Birth 1935.7/6

ロヴィニ

Quotes of July 7

7月7日

もしも、自分の年齢を知らなかったら、いまの自分を何歳だと思うかね？

――リロイ・ロバート・ペイジ（野球選手）

ブレッド湖

LEROY ROBERT PAIGE

Birth 1906.7/7

7月8日

希望のために
扉はいつも
開けておきましょう。

——エリザベス・キューブラー・ロス（医師）

ELISABETH KUBLER-ROSS
Birth 1926.7/8

オーレスン・リンク

Quotes of July 9

7月9日

ゆっくりと行く者が、着実に遠くまで行ける。

―― ジャンルカ・ヴィアリ

ブダペスト

GIANLUCA VIALLI
Birth 1964.7/9

Quotes of July 10

7月10日

幸せな人とは、質素な場所でも他人には見えない美しさを見ることのできる人である。

カミーユ・ピサロ

CAMILLE PISSARRO

Birth 1830.7/10

グエル公園

7月11日

Quotes of July 11

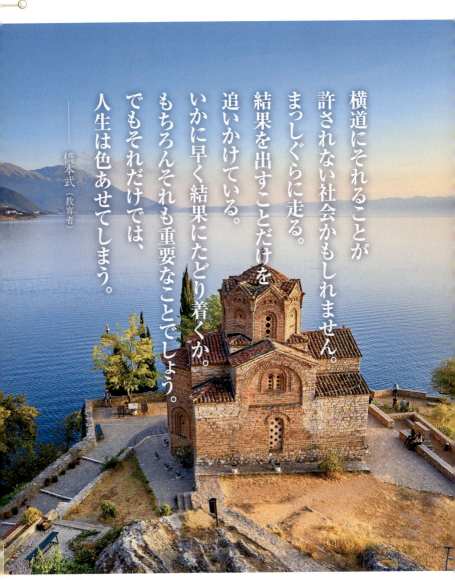

横道にそれることが
許されない社会かもしれません。
まっしぐらに走る。
結果を出すことだけを
追いかけている。
いかに早く結果にたどり着くか。
もちろんそれも重要なことでしょう。
でもそれだけでは、
人生は色あせてしまう。

——橋本武（教育者）

聖ヨヴァンカネオ教会

TAKESHI HASHIMOTO
Birth 1912.7/11

Quotes of July 12

7月12日

もしもチャンスが
ドアをノックしないのなら、
あなたの方から
ドアをつくってしまいましょう。

——ミルトン・バール（俳優）

MILTON BERLE
Birth 1908.7/12

パンプローナ

Quotes of July 13

7月13日

成功のいちばんの秘訣は、専念すること。つまり、あちこちよそ見することなく、まっしぐらにそれに向かうことだ。

——ウィリアム・マシューズ（ボクサー）

トロムソ

WILLIAM MATTHEWS
Birth 1873.7/13

7月14日

Quotes of July 14

みんなに嫌われたくない
と思うと
とてもつまらない人間に
なってしまう。

——久米宏（司会者）

HIROSHI KUME
Birth 1944.7/14

シディ・ブ・サイド

Quotes of July 15

7月15日

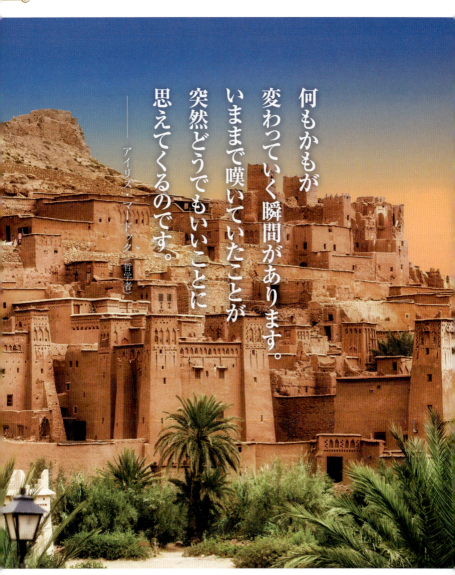

何もかもが
変わっていく瞬間があります。
いままで嘆いていたことが
突然どうでもいいことに
思えてくるのです。

——アイリス・マードック〔哲学者〕

アイット=ベン=ハドゥの集落

IRIS MURDOCH
Birth 1919.7/15

Quotes of July 16

7月16日

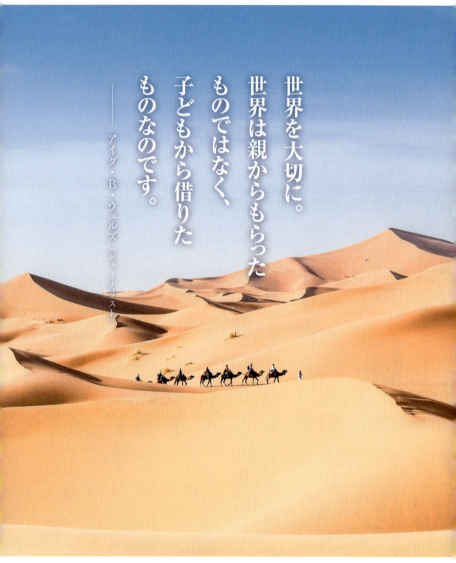

世界を大切に。世界は親からもらったものではなく、子どもから借りたものなのです。

——アイダ・B・ウェルズ〔ジャーナリスト〕

IDA B. WELLS

Birth 1862.7/16

サハラ

Quotes of July 17

7月17日

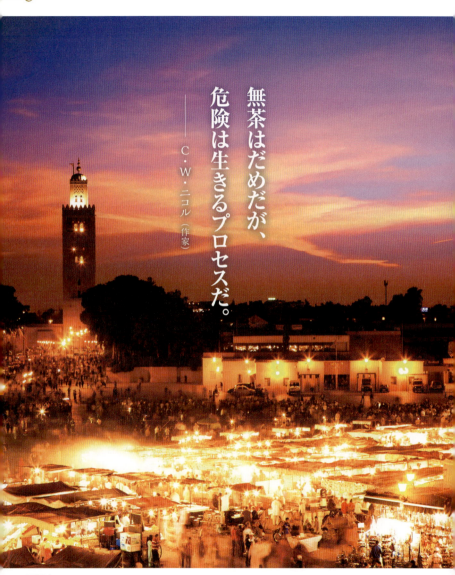

無茶はだめだが、
危険は生きるプロセスだ。

——C・W・ニコル（作家）

マラケシュ

C.W.NICOL
Birth 1940.7/17

Quotes of July 18

7月18日

愛して勝ちとるのが
いちばん良い。
その次に良いのは、
愛して敗れること。

—— ウィリアム・メイクピース・サッカレー／作家

WILLIAM MAKEPEACE THACKERAY
Birth 1811.7/18

シャウエン

Quotes of July 19

7月19日

だれがいちばん可愛いか、といえば、だれでもそれは自分なんです。自分がいちばん大事。そこから人間は出発している。

——三波春夫（歌手）

フェズ

HARUO MINAMI
Birth 1923.7/19

7月20日

Quotes of July 20

何かを成し遂げようとするとき、
ヒーローである必要なんてない。
目標に到達しようとする
強い意志があればいいんだ。

——エドモンド・パーシヴァル・ヒラリー（登山家）

ラバト

EDMUND PERCIVAL HILLARY
Birth 1919.7/20

Quotes of July 21

7月21日

だれもが少しぐらいは
狂気の要素を持っている。
むしろ、
それを失くさない方が
いいと思う。

——ロビン・ウィリアムズ（俳優）

ポルト

ROBIN WILLIAMS
Birth 1951.7/21

Quotes of July 22

7月22日

成功の輝きなど、
すぐに色あせるものです。

——ブライアン・フォーブス（映画監督）

BRYAN FORBES
Birth 1926.7/22

カミロ・ビーチ

Quotes of July 23

7月23日

いちばん大切なものは「自分にもできる」という信念である。

——ジェームズ・ギボンズ（宗教家）

カッマラ・デ・ローボス

JAMES GIBBONS

Birth 1834.7/23

Quotes of July 24

7月24日

衝突がもたらす火花なしでは、人生はすごく退屈になるわ。

——ジェニファー・ロペス（女優）

JENNIFER LOPEZ
Birth 1969.7/24

アゲダグエダ

Quotes of July 25

7月25日

空っぽの頭は、
実際は空ではない。
ごみで一杯になっているのだ。
空っぽの頭に
何かを詰め込むのがむずかしいのは、
このためである。

——エリック・ホッファー（哲学者）

リスボン

ERIC HOFFER
Birth 1902.7/25

Quotes of July 26

7月26日

生きることには、
意味があるとも言えるし、
意味がないとも言える。
わたしは両者の戦いの末に
意味がある
という結論にたどり着きたい。

——カール・グスタフ・ユング［医師］

セッテ・シダーデス湖

CARL GUSTAV JUNG

Birth 1875.7/26

Quotes of July 27

7月27日

たった1人しかいない自分の
たった1度しかない人生を
ほんとうに生かさなかったら、
人間、
生まれてきた甲斐がないではないか。

―― 山本有三（作家）

ベルレンガ島

YUZO YAMAMOTO
Birth 1887.7/27

7月28日

Quotes of July 28

空を飛ぶことを可能にしたのは、空を飛ぶことを夢見たからである。

——カール・ライムント・ポパー〔哲学者〕

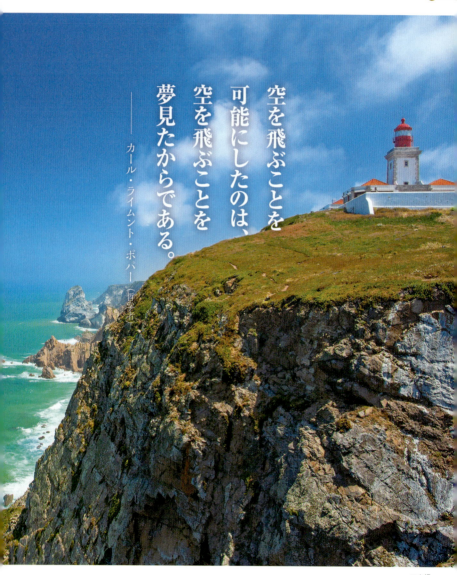

ロカ岬

KARL RAIMUND POPPER
Birth 1902.7/28

7月29日

Quotes of July 29

今日は何か良い質問をしましたか?

——イジドール・イザーク・ラービ(物理学者)

シントラ

ISIDOR ISAAC RABI
Birth 1898.7/29

Quotes of July 30

7月30日

持たなくてもいい重い荷物を
だれに頼まれもしないのに
一生懸命ぶらさげていないか。

── 中村天風（思想家）

ウェストミンスター宮殿

TENPU NAKAMURA

Birth 1876.7/30

Quotes of July 31

7月31日

何に生まれるかよりも、何になるかの方がはるかに大切です。
── J・K・ローリング／作家

タワーブリッジ

J. K. ROWLING
Birth 1965.7/31

8
月

August

Quotes of 365 days from the Great minds

8月1日

Quotes of August 1

何か妙なことにぶつかったら
笑うことがいちばんかしこい。
手っとり早い返答であり、
どんな目に遭おうと
とっておきの気休めになる。

——ハーマン・メルヴィル（作家）

スカイ島

HERMAN MELVILLE
Birth 1819.8/1

8月2日

面と向かって人とぶつかり合えば当然、相手の言葉で傷つくこともある。でも、自分が変化できたり、成長できたりする言葉をもらえることだってあるんです。

―― 鴻上尚史（劇作家）

ストーンヘンジ

8月3日

だれもが「完全」には
なることはできない。
かならず向上できる余地があって、
それを埋めたとしても、
また余地ができる。
そんなものなんだ。

——カール・ゴッチ（レスラー）

グラストンベリー

KARL GOTCH
Birth 1924.8/3

Quotes of August 4

8月4日

絶望を感じないための
いちばん良い方法は、
起き上がり、
何かをすることだ。

——バラク・フセイン・オバマ2世

BARACK HUSSEIN OBAMA II
Birth 1961.8/4

オックスフォード大学

Quotes of August 5

8月5日

たとえ醜い真実であっても、真実の中には人間を磨き上げる美しさがある。

——田宮虎彦（作家）

ロンドン

TORAHIKO TAMIYA
Birth 1911.8/5

Quotes of August 6
8月6日

まず自分を愛すること。
そしたらうまくいくわ。
この世の中で何かをしたかったら、
まず自分を愛すること。

——ルシル・ボール（女優）

LUCILLE BALL
Birth 1911.8/6

ベンバルビン

Quotes of August 7

8月7日

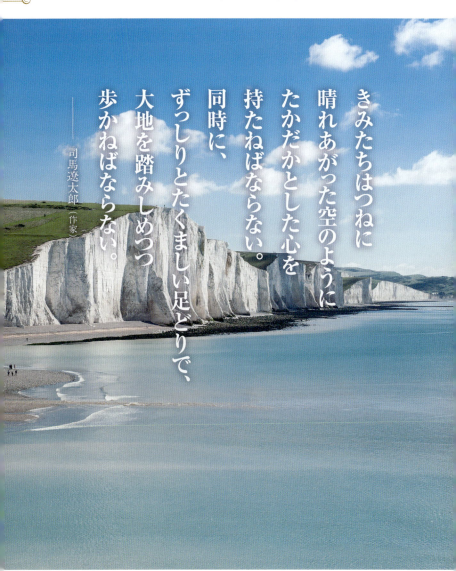

きみたちはつねに
晴れあがった空のように
たかだかとした心を
持たねばならない。
同時に、
ずっしりとたくましい足どりで、
大地を踏みしめつつ
歩かねばならない。

――司馬遼太郎［作家］

セブン・シスターズ

RYOTARO SHIBA
Birth 1923.8/7

8月8日

Quotes of August 8

将来が見えないというのは
最高の贅沢だよ。
焦る必要はない。

——ダスティン・ホフマン（俳優）

DUSTIN HOFFMAN
Birth 1937.8/8

ヨークシャー・デイルズ国立公園

8月9日

Quotes of August 9

人のために灯りを灯せば
自分の前も明るくなります。
人のためにしたことは
自分に返ってくるということです。

——黒柳徹子（女優）

ダンガイアー城

TETSUKO KUROYANAGI
Birth 1933.8/9

Quotes of August 10

8月10日

風向きを変えることはできないけれど、いつでも自分の進みたい方向に帆を調整することはできる。

——ジミー・ディーン（アメリカン・デザイン）

JIMMY DEAN
Birth 1928.8/10

リヴァプール

Quotes of August 11

8月11日

若いうちは
多少やんちゃなぐらいで
ちょうどいいんですよ。
少々とがっているぐらいの方が
見ていておもしろいでしょ?
どうせ年をとってきたら
徐々にまるくなるんだから。

——孫正義（実業家）

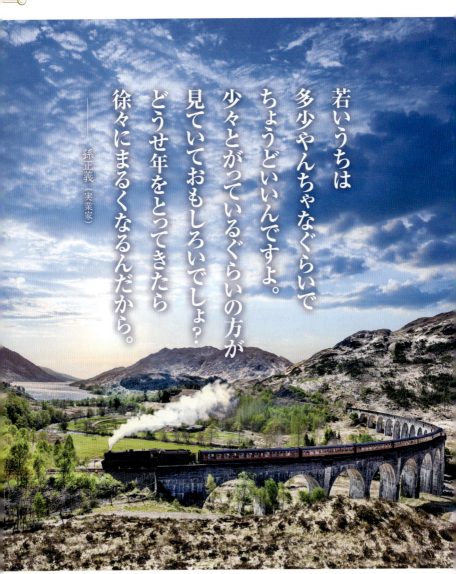

グレンフィナン陸橋

SON MASAYOSHI
Birth 1957.8/11

Quotes of August 12

8月12日

大事なのは、まだだれも見ていないものを見ることではなく、だれもが見ていることについてだれも考えたことのないことを考えることだ。

——エルヴィン・シュレーディンガー（物理学者）

ERWIN SCHROEDINGER
Birth 1887.8/12

マスウェル・ヒル

Quotes of August 13

8月13日

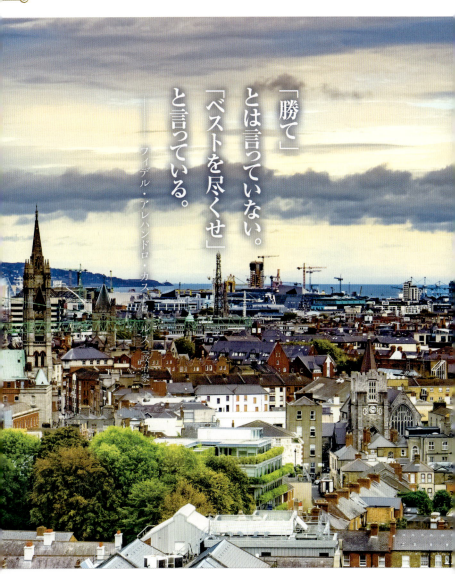

「勝て」とは言っていない。「ベストを尽くせ」と言っている。

——フィデル・アレハンドロ・カストロ・ルス（政治家）

ダブリン

FIDEL ALEJANDRO CASTRO RUZ
Birth 1926.8/13

Quotes of August 14

8月14日

苦労を笑い話にできるまで努力する。

——桂歌丸（落語家）

ジャイアンツ・コーズウェイ

UTAMARU KATSURA

Birth 1936.8/14

8月15日

Quotes of August 15

自分自身のことを
ほんとうに
笑い飛ばせるようになったとき、
人は成長するのです。

―― エセル・バリモア〔女優〕

モハーの断崖

ETHEL BARRYMORE
Birth 1879.8/15

Quotes of August 16

8月16日

勇敢になるとは、
だれかを無条件に愛する
ということ。
見返りを期待せず、
ただ与えること。
それは勇気がいることだわ。

——マドンナ（ミュージシャン）

MADONNA
Birth 1958.8/16

ハリス島

Quotes of August 17

8月17日

良いときもあれば悪いときもある。わたしが今日言いたいのは、「それで大丈夫だ」ということだ。

——ロバート・デ・ニーロ

キルカーン城

ROBERT DE NIRO
Birth 1943.8/17

Quotes of August 18

8月18日

August

夢を持つだけでは、現実は何も変わりません。夢はかならず、行動に結びつけることです。

——ロバート・レッドフォード（俳優）

ROBERT REDFORD
Birth 1936.8/18

エジンバラ

Quotes of August 19

8月19日

成功を目指すレースでは、速さよりも持久力の方が重要だ。

——マルコム・スティーブンソン・フォーブス（実業家）

ディスコ湾

MALCOLM STEVENSON FORBES

Birth 1919.8/19

Quotes of August 20

8月20日

むやみに富者を糾弾することは悪である。それは精神を卑しくし、心をむしばみ、犯罪の言い訳を与える。富者を糾弾することで豊かになり幸せになった貧者はいない。

——ベンジャミン・ハリソン（政治家）

BENJAMIN HARRISON
Birth 1833.8/20

ヌーク

8月21日

Quotes of August 21

49％失敗しても、
51％成功できれば
それでOK。

——野口健（登山家）

レイキャビク

KEN NOGUCHI
Birth 1973.8/21

Quotes of August 22

8月22日

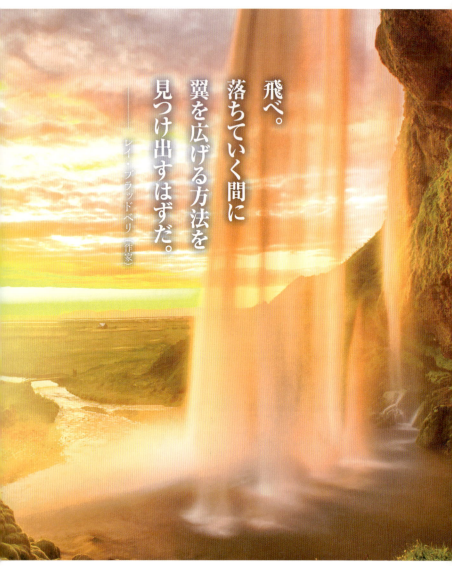

飛べ。落ちていく間に翼を広げる方法を見つけ出すはずだ。

——レイ・ブラッドベリ（作家）

RAY BRADBURY
Birth 1920.8/22

セリャラントスフォスの滝

Quotes of August 23

8月23日

いつでも、今日は昨日より、少しでもいいものをつくろう。

――ディック・ブルーナ（絵本作家）

ヨークルスアゥルロゥン

DICK BRUNA
Birth 1927.8/23

8月24日

Quotes of August 24

人生の1つの段階が終わったときを知ることは必要なのだ。必要がなくなったのにそれにいつまでもしがみついていると、きみは人生の喜びと人生の意味を失うだろう。

― パウロ・コエーリョ 作家

ゴーザフォスの滝

PAULO COELHO
Birth 1947.8/24

Quotes of August 25

8月25日

いつだって、汗水たらして人生のゲームに参加している人の方が、ふんぞり返って座っている傍観者よりも、楽しんでいるものである。

ウィリアム・フェザー（作家）

スコゥガフォスの滝

WILLIAM FEATHER
Birth 1889.8/25

Quotes of August 26

8月26日

時々、仕事を休み、人と離れて1人きりでどこかへ行って、ただ「そこにいる」ことはとても大切です。

—— アイリーン・キャディ 作家

EILEEN CADDY
Birth 1917.8/26

ダイヤモンドビーチ

8月27日

Quotes of August 27

人格とは、高きものとまったく低きものとが1つになったものである。人格の高さとは、この矛盾を持ち耐えることである。

——ゲオルク・ヴィルヘルム・フリードリヒ・ヘーゲル（哲学者）

ランドマンナロイガル

GEORG WILHELM FRIEDRICH HEGEL
Birth 1770.8/27

Quotes of August 28

8月28日

若いころに戻りたいと思っても
何の役にも立ちません。
年をとっても
できることはたくさんあります。
新しいことも発見できるはずよ。
無理をしないで、
いまの自分にできることを
楽しんではどうかしら?

——ターシャ・テューダー（絵本作家）

TASHA TUDOR
Birth 1915.8/28

ホッペルシュタ・スターヴ教会

8月29日

Quotes of August 29

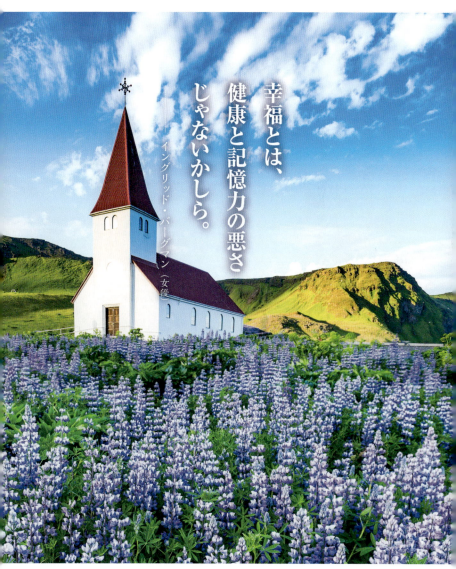

幸福とは、健康と記憶力の悪さじゃないかしら。

――イングリッド・バーグマン（女優）

ヴィック教会

INGRID BERGMAN
Birth 1915.8/29

Quotes of August 30

8月30日

「いまはみじめだけれど これから10年間はすばらしいものになる」などと考えて行動してはいけません。いま楽しめないものを今後10年間に楽しむことができるでしょうか？ いま好きなことをやりなさい。

—— ウォーレン・エドワード・バフェット（投資家）

WARREN EDWARD BUFFETT
Birth 1930.8/30

キルキュバイヤルクロイストゥル

August

Quotes of August 31

8月31日

上には上がある。
下には下がある。
どっちを向いて歩くかだよ。

——青木功(ゴルファー)

ブラックサンドビーチ

255

ISAO AOKI
Birth 1942.8/31

9
月

September

Quotes of 365 days from the Great minds

September / Quotes of September 1

9月1日

自分が年をとってきたからかもしれないが、大事なものとか美しいもの、心に染みわたる美しさとか、心を打たれる美しさというのは、少し悲しみの味がする。

― 小澤征爾（指揮者）

カークワフェル

SEIJI OZAWA
Birth 1935.9/1

Quotes of September 2

9月2日

努力は裏切らない
という言葉は不正確だ。
正しい場所で
正しい方向で
十分な量なされた
努力は裏切らない。

——林修（教育者）

OSAMU HAYASHI
Birth 1965.9/2

サリーナス・グランデス

9月3日

いまの世の中で「きみはだめだ」ってレッテルを貼られている人でも、状況が変わればしっかりと役目に就ける。動物ってたぶん、人間って、そういうふうにつくられていると思うんですね。

——楳図かずお（漫画家）

ペリト・モレノ氷河

KAZUO UMEZU
Birth 1936.9/3

Quotes of September 4

9 月 4 日

ネガティブな気持ちも、もっと良い自分に変わるための燃料として使うのよ。

――ビヨンセ（ミュージシャン）

BEYONCE

Birth 1981.9/4

アタカマ塩原

9月5日

Quotes of September 5

何をやるかより、何をやらないかが大切だ。

——利根川進（生物学者）

月の谷

SUSUMU TONEGAWA
Birth 1939.9/5

261

Quotes of September 6

9月6日

September

すべてをポジティブに捉える必要はありません。
落ち込むときはとことん落ち込めばいい。
気持ちが下がるところまで下がったらあとは上がるだけ。

―― 澤穂希（サッカー選手）

SAWA HOMARE

Birth 1978.9/6

サンティアゴ

September

Quotes of September 7

9月7日

世界は丸い。
「おわり」に見える場所はまた、
「はじまり」でしかないこともある。

——アイビー・ベイカー・プリースト（政治家）

オウロ・プレット歴史地区

IVY BAKER PRIEST
Birth 1905.9/7

Quotes of September 8

9月8日

人生とは、自転車に乗るようなものだ。ペダルを漕ぐのをやめなければ、転びはしない。

——クロード・ペッパー（政治家）

オソルノ山

CLAUDE PEPPER
Birth 1900.9/8

9月9日

Quotes of September 9

登る山の道のりが
どんなに遠くても、
1歩1歩歩いていたら
いつかはたどり着ける。
あきらめないことです。

今西壽雄（登山家）

トーレス・デル・パイネ国立公園

IMANISHI TOSHIO
Birth 1914.9/9

Quotes of September 10

9月10日

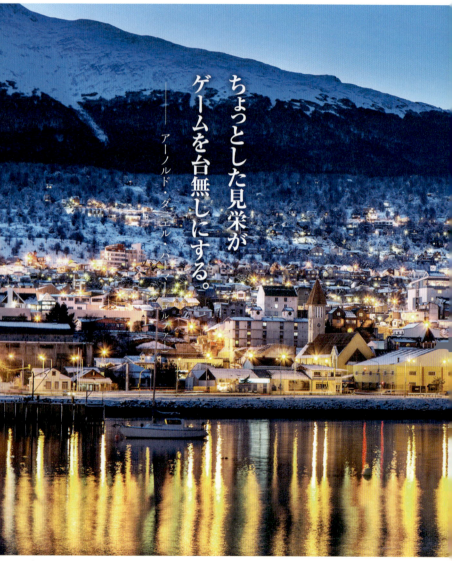

ちょっとした見栄がゲームを台無しにする。

―― アーノルド・ダニエル・パーマー

ARNOLD DANIEL PALMER
Birth 1929.9/10

ウシュアイア

Quotes of September 11

9月11日

楽園などありはしない。
笑い、苦しい思いをし、
楽しい思いをし、
それからまた戦うのだ。
戦い続けるのだ。
それがつまり生活だ。

デーヴィッド・ハーバート・ローレンス（作家）

ブエノスアイレス

DAVID HERBERT LAWRENCE
Birth 1885.9/11

9月12日

Quotes of September 12

泣きごとを言う暇があったら、まず動いてみる。そうすると何か新しいことが起こるものよ。

内海桂子（芸人）

KEIKO UTSUMI
Birth 1922.9/12

サルバドール

9月13日

Quotes of September 13

喜劇とは、泣きながらつくるものだ。

山田洋次（映画監督）

サン・ルイス

YOJI YAMADA
Birth 1931.9/13

9月14日

Quotes of September 14

何かをしてしまった
という後悔は、
時が和らげてくれる。
しかし、何かをしなかった
という後悔は、
決して癒されることはない。

——シドニー・J・ハリス（ジャーナリスト）

ラ・ポルターダ天然記念物

SYDNEY J. HARRIS
Birth 1917.9/14

9月15日

1日1日に
けじめをつけていこう。
今日のことは
今日やってしまおう。
これは、忙しいとか暇があるとか
時間の問題ではない。

——土光敏夫（実業家）

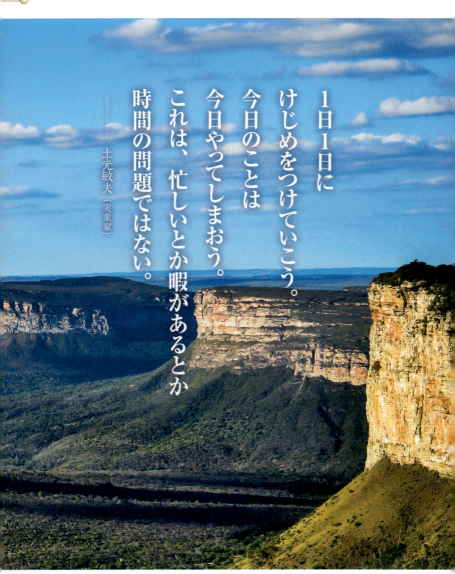

ディアマンティーナ国立公園

TOSHIO DOKO
Birth 1896.9/15

Quotes of September 16

9月16日

これまでのわたしが
どうであったかはどうでもいいの。
これからのわたし。
それがわたし。

——ローレン・バコール（女優）

LAUREN BACALL
Birth 1924.9/16

パンタナール

9月17日

Quotes of September 17

運命を一夜で変えることはできないが、あなたが進む方向を変えることは一夜でできる。

—— ジム・ローン（実業家）

コパカバーナ

JIM ROHN
Birth 1930.9/17

Quotes of September 18

9月18日

いつも微笑んでいる人はだれでも、驚くほどの強さを秘めているものよ。

――グレタ・ガルボ（女優）

フェルナンド・デ・ノローニャ

GRETA GARBO
Birth 1905.9/18

9月19日

Quotes of September 19

100人のうち99人が「こうだ」と言っても、1人の方が正しいことがある。

——小柴昌俊（物理学者）

レンソイス・マラニャンセス国立公園

MASATOSHI KOSHIBA
Birth 1926.9/19

Quotes of September 20

9月20日

September

心配事の98%は取り越し苦労だ。

——藤村正宏（実業家）

MASAHIRO FUJIMURA
Birth 1958.9/20

コルコバードの丘

9月21日

なんかリズムが違っている、どこかつまずいたりしている、破れている。そんな人って、男でも女でもチャーミングに見えるんです。

——松田優作（俳優）

オリンダ

YUSAKU MATSUDA
Birth 1949.9/21

Quotes of September 22

9月22日

人生は、8合目からがおもしろい。

——田部井淳子（登山家）

JUNKO TABEI
Birth 1939.9/22

サンパウロ

9月23日

Quotes of September 23

財産を失っても
何もなくならない。
勇気を失ったら
多くがなくなる。
誇りがなくなったら
すべてがなくなる。

——ロバート・ボッシュ〔発明家〕

ジュセリーノ・クビチェック橋

ROBERT BOSCH
Birth 1861.9/23

9月24日

Quotes of September 24

あなたを褒める者が
1人いれば、
10人の敵がいると思いなさい。
しかし、
あなたに敵がいなければ、
あなたを褒める者は
1人もいない。

——筒井康隆（作家）

YASUTAKA TSUTSUI
Birth 1934.9/24

ウユニ塩湖（乾季）

Quotes of September 25

9月25日

大丈夫、
きっと明日はできる。

―― 浅田真央（フィギュアスケート選手）

インカワシ島

MAO ASADA
Birth 1990.9/25

Quotes of September 26

9月26日

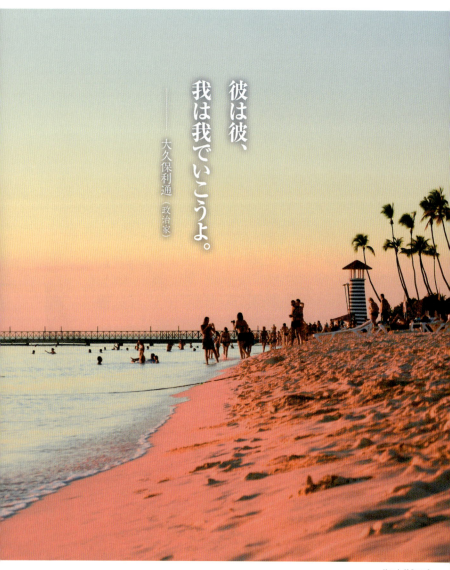

彼は彼、
我は我でいこうよ。

——大久保利通（政治家）

TOSHIMICHI OKUBO
Birth 1830.9/26

サントドミンゴ

9月27日

Quotes of September 27

山ほどある情報から
自分に必要な情報を得るには、
「選ぶ」より
「いかに捨てるか」の方が
重要なことだと思います。

——羽生善治（棋士）

サン・フェリペ・デル・モロ要塞

YOSHIHARU HABU
Birth 1970.9/27

Quotes of September 28

9月28日

September

強さとは、負けることをおそれないこと。

——伊達公子(テニス選手)

KIMIKO DATE
Birth 1970.9/28

ウユニ塩湖(雨季)

284

September

Quotes of September 29

9月29日

人生は、
1枚の銀貨のようなものだ。
それをどう使おうと勝手だが、
使えるのは
たった1度きりである。

—— ミゲル・デ・セルバンテス（作家）

ウユニ塩湖の星空

MIGUEL DE CERVANTES
Birth 1547.9/29

9月30日

Quotes of September 30

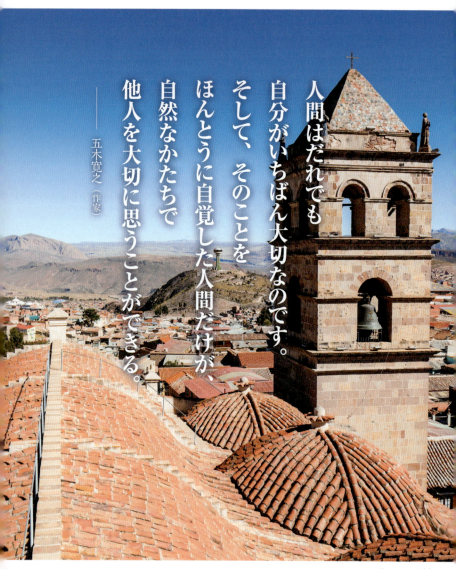

人間はだれでも自分がいちばん大切なのです。そして、そのことをほんとうに自覚した人間だけが、自然なかたちで他人を大切に思うことができる。

――五木寛之（作家）

HIROYUKI ITSUKI
Birth 1932.9/30

サンロレンソ教会

10
月

October

Quotes of 365 days from the Great minds

Quotes of October 1

10月1日

October

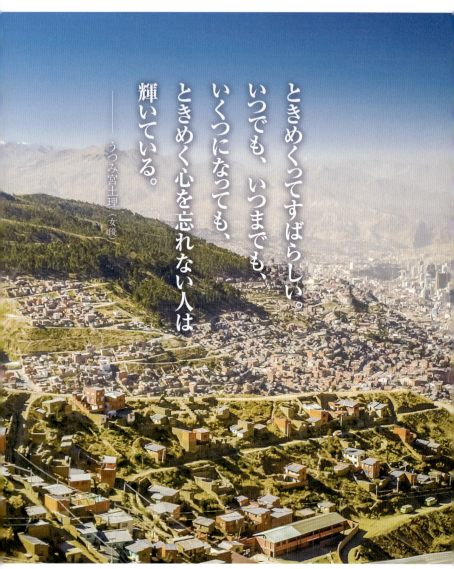

ときめくってすばらしい。
いつでも、いつまでも、
いくつになっても、
ときめく心を忘れない人は
輝いている。

——うつみ宮土理（女優）

MIDORI UTSUMI

Birth 1943.10/1

ポトシ

10月2日

Quotes of October 2

自分を信用している者は、人からも信用される。

——グレアム・グリーン（作家）

ラパス

GRAHAM GREENE
Birth 1904.10/2

10月3日

Quotes of October 3

お互いに助け合わないと生きていけないところに人間最大の弱みがあり、その弱みゆえにお互いに助け合うところに人間最大の強みがある。

―― 下村湖人〈作家〉

ラグーナ・コロラダ

KOJIN SHIMOMURA
Birth 1884.10/3

October / Quotes of October 4

10月4日

人間、正しいことはだれでも言う。正しいことを言うやつよりも間違ったことを素直に認めて謝れるやつの方が勇気があると思う。

——北島三郎（歌手）

チチカカ湖

SABURO KITAJIMA
Birth 1936.10/4

10月5日

Quotes of October 5

October

昨日の夢は、今日の希望であり、明日の現実である。

——ロバート・ハッチングズ・ゴダード（発明家）

セント・マーチン島

ROBERT HUTCHINGS GODDARD
Birth 1882.10/5

10月6日

Quotes of October 6

一念発起はだれでもする。
努力までならみんなする。
そこから1歩抜き出るためには、
努力の上に
辛抱という棒を立てろ。
この棒に花が咲く。

——桂小金治（落語家）

ボトム湾

KATSURA KOKINJI
Birth 1926.10/6

10月7日

Quotes of October 7

October

エキスパートの定義とは、ごくかぎられた分野でありとあらゆる間違いをすべて経験した人物のことだ。

―― ニールス・ボーア（物理学者）

NIELS BOHR
Birth 1885.10/7

グレート・スターラップ・ケイ

October

Quotes of October 8

10月8日

人生とは、消しゴムなしに描く芸術である。

——ジョン・ウィリアム・ガードナー（政治家）

ピンクサンドビーチ

JOHN WILLIAM GARDNER
Birth 1912.10/8

Quotes of October 9

10月9日

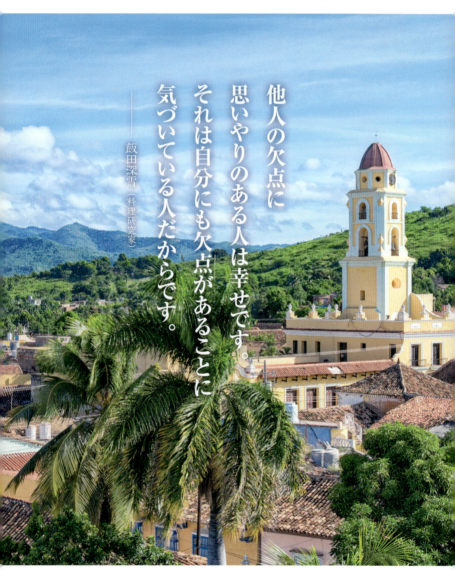

他人の欠点に
思いやりのある人は幸せです。
それは自分にも欠点があることに
気づいている人だからです。

—— 飯田深雪（料理研究家）

MIYUKI IIDA
Birth 1903.10/9

トリニダ

10月10日

Quotes of October 10

世界はいつも、決定的瞬間だ。

——森山大道〔写真家〕

カマグエイ

DAIDO MORIYAMA
Birth 1938.10/10

10月11日

Quotes of October 11

October

わたしたちの人生は、わたしたちが費やした努力だけの価値がある。

——フランソワ・モーリアック（作家）

FRANCOIS MAURIAC
Birth 1885.10/11

キュラソー島

Quotes of October 12

10月12日

恐怖心に負けることの方が、恐怖心そのものよりもずっと後味が悪い。

——ヒュー・ジャックマン（俳優）

ナッソー

HUGH JACKMAN
Birth 1968.10/12

Quotes of October 13

10月13日

成功とは、自分の達成度のことだ。他人を気にする必要はまったくない。

——イアン・ジェイムズ・ソープ（競泳選手）

IAN JAMES THORPE
Birth 1982.10/13

バラデロ

October

Quotes of October 14

10月14日

1日ずつ、人生最高の日にしよう。

——ジョン・ウッデン（バスケットボール選手）

エグズーマ島

JOHN ROBERT WOODEN
Birth 1910.10/14

Quotes of October 15

10月15日

16歳で美しいのは自慢にはなりませんが、60歳で美しければそれは魂の美しさです。

── マリー・ストープス（植物学者）

カラカス

MARIE STOPES
Birth 1880.10/15

Quotes of October 16

10月16日

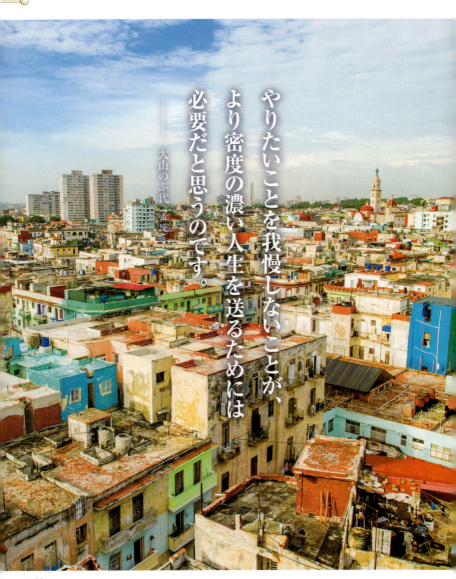

やりたいことを我慢しないことが、より密度の濃い人生を送るためには必要だと思うのです。

——大山のぶ代

ハバナ

NOBUYO OHYAMA
Birth 1933.10/16

Quotes of October 17

10月17日

おれってやつは時にクールだったり、クソ野郎だったりする。でも、だれだってそうだろ。

——エミネム（ミュージシャン）

EMINEM
Birth 1972.10/17

ブルックリン橋

10月18日

Quotes of October 18

October

失敗は終わりじゃない。

マイク・ディトカ（アメリカンフットボール選手）

ニューヨーク

MIKE DITKA

Birth 1939.10/18

Quotes of October 19

10月19日

樫だけが樹ではない。
バラだけが花ではない。
多くのつつましい富が、
わたしたちのこの世を
豊かにしているのだ。

—— リー・ハント（詩人）

LEIGH HUNT
Birth 1784.10/19

プリンス・エドワード島

10月20日

Quotes of October 20

善い人間とは、過去においてどんな失敗や過失を犯したにかかわりなく、現在より善くなろうと努力し前進している人間のことである。

──ジョン・デューイ（哲学者）

ペギーズ・コーブ灯台

JOHN DEWEY
Birth 1859.10/20

Quotes of October 21

10月21日

転んだときには、何かを拾ってから起き上がりなさい。

——オズワルド・セオドア・アベリー（医師）

OSWALD THEODORE AVERY

Birth 1877.10/21

エンジェルフォール

10月22日

Quotes of October 22

小さなことを重ねていくことが
とんでもないところに行く
ただ1つの道なんだなと感じています。

——イチロー（野球選手）

ロライマ山

ICHIRO
Birth 1973.10/22

Quotes of October 23

10月23日

October

すべては練習の中にある。

―― ペレ（サッカー選手）

PELE

Birth 1940.10/23

セント・ジョンズ港

10月24日

Quotes of October 24

地球のこちら側で
夕焼けがきれいだなと思っていると、
向こう側では
ああ、すばらしい日の出だと思って、
だれかが空を見ている。

——ブルーノ・ムナーリ／芸術家

トロント

BRUNO MUNARI
Birth 1907.10/24

Quotes of October 25

10月25日

October

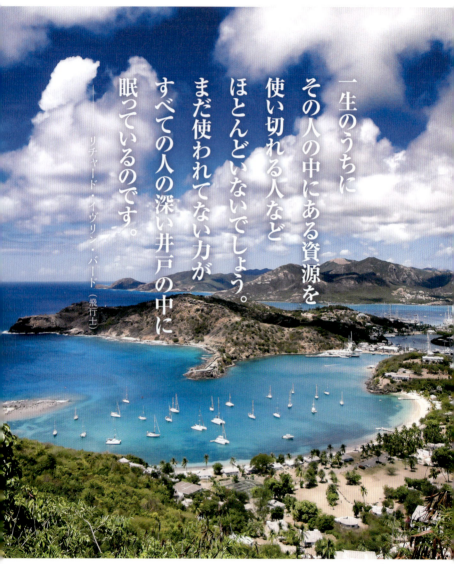

一生のうちに
その人の中にある資源を
使い切れる人など
ほとんどいないでしょう。
まだ使われてない力が
すべての人の深い井戸の中に
眠っているのです。

—— リチャード・イヴリン・バード（飛行士）

RICHARD EVELYN BYRD
Birth 1888.10/25

ネルソンズ・ドッグヤード

Quotes of October 26

10月26日

自分の目的地を承知し
それを行動で表せる人に、
世の中は席を空けてくれる。

——ナポレオン・ヒル（作家）

ナイアガラの滝

NAPOLEON HILL
Birth 1883.10/26

Quotes of October 27

10月27日

1歩を踏み出せるなら
もう1歩も踏み出せる。

——トッド・スキナー（登山家）

TODD SKINNER

Birth 1958.10/27

メープル街道

10月28日

人生は公平ではない。そのことに慣れよう。
——ビル・ゲイツ（実業家）

オウイメット・キャニオン

BILL GATES
Birth 1955.10/28

Quotes of October 29

10月29日

孤独とは、港を離れ、海を漂うような寂しさではない。ほんとうの自己を知り、この美しい地球上に存在している間に、自分たちが何をしようとしているのか、どこに向かおうとしているのかを知るための良い機会なのだ。

——アン・シャノン・モンロー（作家）

ANNE SHANNON MONROE
Birth 1873.10/29

ロス・ロケス諸島

October

Quotes of October 30

10月30日

1日延ばしは、時の盗人である。

——上田敏（詩人）

コロ砂丘国立公園

BIN UEDA

Birth 1874.10/30

10月31日

Quotes of October 31

あなたの知らないところに
いろいろな人生がある。
あなたの人生がかけがえのないように
あなたの知らない人生も
またかけがえがない。
人を愛するということは
知らない人生を知るということだ。

——灰谷健次郎（作家）

KENJIRO HAITANI
Birth 1934.10/31

トゥングラワ

11
月

November

Quotes of 365 days from the Great minds

Quotes of Novemver 1

11月1日

幸福人とは、過去の自分の生涯から満足だけを記憶している人々であり、不幸人とは、それの反対を記憶している人々である。

——萩原朔太郎（詩人）

SAKUTARO HAGIWARA
Birth 1886.11/1

イースター島

11月2日

Quotes of Novemver 2

変わらずに残るためには、変わらなければならない。

——ルキノ・ヴィスコンティ（映画監督）

ガラパゴス諸島

LUCHINO VISCONTI
Birth 1906.11/2

Quotes of Novemver 3

11月3日

どんなにひどく寂しい状況だったとしても、次の人生を決めるような出会いはかならずあるんです。

——堤幸彦（映画監督）

YUKIHIKO TSUTSUMI
Birth 1955.11/3

州立恐竜公園

Quotes of Novemver 4

11月 4日

この世にいるのは束の間。
笑えるときには
おおいに笑おう！

——ウィル・ロジャース（俳優）

キロトア

WILL ROGERS
Birth 1879.11/4

Quotes of Novemver 5

11月5日

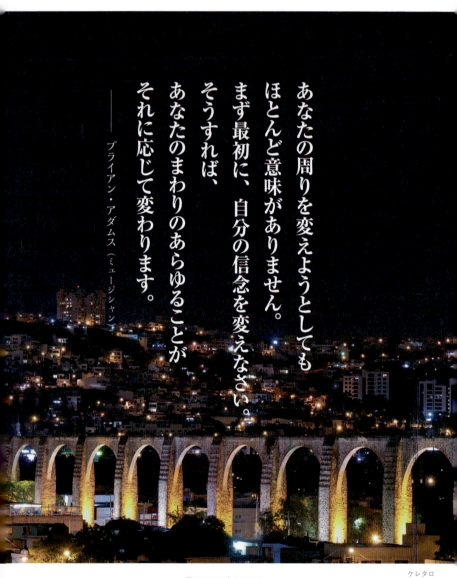

あなたの周りを変えようとしても
ほとんど意味がありません。
まず最初に、自分の信念を変えなさい。
そうすれば、
あなたのまわりのあらゆることが
それに応じて変わります。

―― ブライアン・アダムス（ミュージシャン）

BRYAN ADAMS
Birth 1959.11/5

ケレタロ

11月6日

Quotes of November 6

よく「時間が解決してくれる」と言うけれど、そうは思わない。でも「行動した時間」なら解決してくれるはずだ。

——松岡修造（テニス選手）

キト

SHUZO MATSUOKA
Birth 1967.11/6

Quotes of Novemver 7

11月7日

November

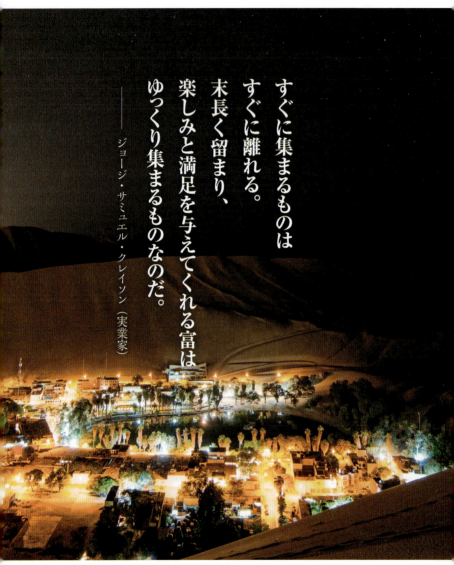

すぐに集まるものは
すぐに離れる。
末長く留まり、
楽しみと満足を与えてくれる富は
ゆっくり集まるものなのだ。

——ジョージ・サミュエル・クレイソン（実業家）

GEORGE SAMUEL CLASON
Birth 1874.11/7

ワカチナ

Quotes of Novemver 8

11月8日

物語を書くということは
生きていることだし、
何かを残せること。
自分が生きていることを
思い出すための行為でもあるし、
手遅れにならないうちに残すための
チャンスでもある。

——カズオ・イシグロ（作家）

マチュピチュ

KAZUO ISHIGURO
Birth 1954.11/8

Quotes of Novemver 9

11月9日

November

忍耐は苦い。
しかし、その実は甘い。

——野口英世（細菌学者）

HIDEYO NOGUCHI
Birth 1876.11/9

アレキーパ市歴史地区

11月10日

Quotes of Novemver 10

正義の尺度は、声の多数ではない。

——フリードリヒ・フォン・シラー（詩人）

クスコ

FRIEDRICH VON SCHILLER
Birth 1759.11/10

Quotes of Novemver 11

11月11日

人間にとって100%のことは、
死ぬこと以外には1つもないのです。
おそるおそる生きる必要もない。
不確定な未来に軸足を置くのではなく、
いまという時間に軸足を置くこと。
今日という日、
目の前の小さな命に
心を寄せることです。

―― 養老孟司（作家）

TAKESHI YORO
Birth 1937.11/11

サンアンドレス島

11月12日

Quotes of Novemver 12

肝心なのは、感動すること、愛すること、希望を持つこと、打ち震えること、生きること。そして、人間であることだ。

——オーギュスト・ロダン[芸術家]

ムヘーレス島

AUGUSTE RODIN
Birth 1840.11/12

Quotes of Novemver 13

11月13日

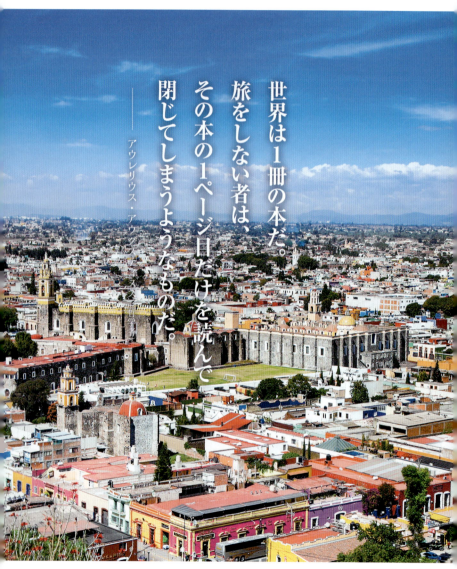

世界は1冊の本だ。旅をしない者は、その本の1ページ目だけを読んで閉じてしまうようなものだ。

—— アウレリウス・アウグスティヌス

サン・ペドゥロ・チョルラ

AURELIUS AUGUSTINUS
Birth 354.11/13

11月14日

Quotes of Novemver 14

自分自身に誠実であれば、
人生のゲームに勝つことができる。
さあ、その時が来ました。
ここからはじめるのです！

——ローランド・マーティン（ジャーナリスト）

カンクン

ROLAND MARTIN
Birth 1968.11/14

Quotes of Novemver 15

11月15日

敵を許したことのない者は、人生における崇高な喜びを味わっていない。

——ヨハン・カスパー・ラヴァーター〈作家〉

JOHANN CASPAR LAVATER
Birth 1741.11/15

グアヤキル

11月16日

Quotes of November 16

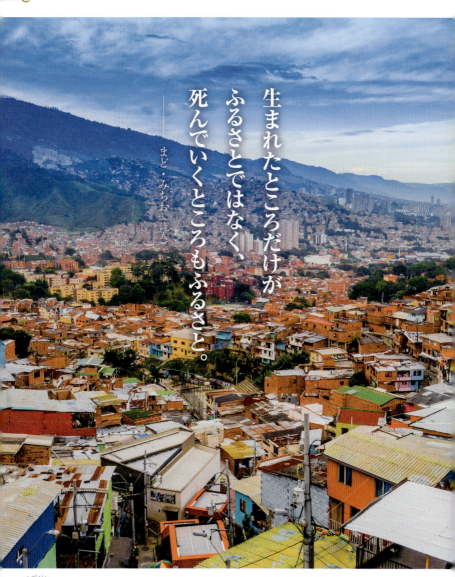

生まれたところだけが
ふるさとではなく、
死んでいくところもふるさと。

まど・みちお 〔詩人〕

メデジン

MADO MICHIO
Birth 1909.11/16

Quotes of November 17

11月17日

むずかしいことをやさしく、
やさしいことをふかく、
ふかいことをおもしろく、
おもしろいことをまじめに、
まじめなことをゆかいに、
そしてゆかいなことは
あくまでゆかいに。

――井上ひさし（作家）

HISASHI INOUE
Birth 1934.11/17

ココラ渓谷

11月18日

Quotes of Novemver 18

「成功者は成功するように運命づけられた人だ」と言う人がいます。
でも、それは違います。
チャンピオンになる人は、10回馬から落ちても懲りずに10回馬に登る人です。

——ジーン・ドリスコル（車椅子レーサー）

バッドランズ国立公園

JEAN DRISCOLL
Birth 1966.11/18

11月19日

Quotes of November 19

November

人間は、「自分でなければできない」と錯覚していることが多すぎる。

― ピーター・ドラッカー

キャノ・クリスタレス川

PETER DRUCKER
Birth 1909.11/19

November

Quotes of Novemver 20

11月20日

「自分はやるべきことを全部やったのか？」って問い続けることが大事なんだと思います。

——YOSHIKI

ラ・ピエドラ・デル・ペニョール

YOSHIKI

Birth 1965.11/20

339

11月21日

Quotes of Novemver 21

November

今日の決断が、一生自分を縛ると思わなくていい。

――ヒクソン・グレイシー――格闘家

RICKSON GRACIE

Birth 1959.11/21

クエンカ

11月22日

Quotes of Novemver 22

> 物事を考える人間は大勢いるが、行動を起こすのはたった一人だ。
>
> ——シャルル・アンドレ・ジョゼフ・ピエール=マリ・ド・ゴール（政治家）

カルタヘナ

CHARLES ANDRE JOSEPH PIERRE-MARIE DE GAULLE

Birth 1890.11/22

Quotes of Novemver 23

11 月 23 日

時には誠実であるための嘘も存在する。小さな嘘はかえって相手を幸福にする場合もある。

―― 三宅艶子(作家)

TSUYAKO MIYAKE
Birth 1912.11/23

シカゴ

11月24日

Quotes of November 24

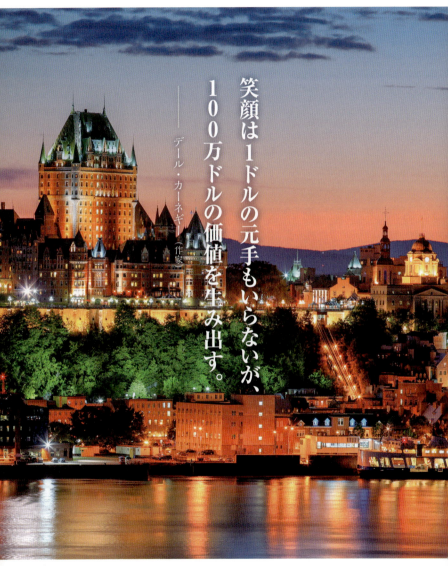

笑顔は1ドルの元手もいらないが、100万ドルの価値を生み出す。

——デール・カーネギー（作家）

ケベック・シティー

DALE CARNEGIE
Birth 1888.11/24

Quotes of Novemver 25
11月25日

人間自身もそうですが、
すべてのものは
善と悪を併せ持っています。
どちらの面が強く出るか、
それだけの話です。
物事の良い面だけを見てもいけませんし、
悪い面だけを見ても不十分です。

——吉本隆明（詩人）

TAKAAKI YOSIMOTO
Birth 1924.11/25

イサマル

11月26日

Quotes of November 26

友達とは、あなたの欠点を愛してくれる人のこと。
——チャールズ・モンロー・シュルツ（漫画家）

カンペチェ

CHARLES MONROE SCHULZ
Birth 1922.11/26

Quotes of Novemver 27

11月27日

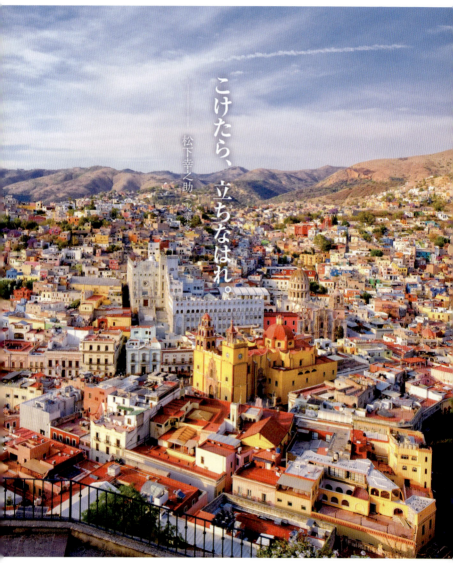

こけたら、立ちなはれ。

——松下幸之助（実業家）

KONOSUKE MATSUSHITA
Birth 1894.11/27

グアナファト

November

Quotes of November 28

11月28日

正しく生きてきた人にとって、
老いとは、
沈みゆく太陽のように
穏やかでやわらかく美しいものです。

——ジェームズ・アレン（作家）

サン・ミゲル・デ・アジェンデ

JAMES ALLEN
Birth 1864.11/28

11月29日

Quotes of Novemver 29

人ひとりが幸せになるか、不幸になるかは、そばにいる人のちょっとしたやさしい言葉だったりすると思う。

——尾崎豊(ミュージシャン)

YUTAKA OZAKI
Birth 1965.11/29

バンフ国立公園

Quotes of November 30

11月30日

敵がいる？
良いことだ。
それは、人生の中で
何かのために立ち上がったことがある
という証だ。

——ウィンストン・チャーチル（政治家）

ホワイトサンズ国定公園

WINSTON CHURCHILL
Birth 1874.11/30

12 月

December

Quotes of 365 days from the Great minds

December

Quotes of December 1

12月1日

闇があるから光がある。
そして闇から出てきた人こそ、
いちばん光のありがたさが
わかるんだ。

――小林多喜二（作家）

ヒドゥン・ビーチ

TAKIJI KOBAYASHI

Birth 1903.12/1

Quotes of December 2

12月2日

無理せず、急がず、
はみ出さず。
自分らしく、淡々と。

――権藤博〔野球選手〕

GONDOH HIROSHI

Birth 1938.12/2

アブラハム湖

12月3日

Quotes of December 3

前に進みたいのに
動けない辛さはよくわかります。
でも、その間
ずっと悩んで過ごすなんて損。
「なるようになる」と思って
ひと休みすればいい。
そのうち風向きも変わるものです。

—— 長州力（レスラー）

イエルベ・エル・アグア

RIKI CHOSHU
Birth 1951.12/3

Quotes of December 4

12月4日

だれかを愛すること。
これはわたしたちに課せられた
もっとも困難な試練です。
すべての努力は
そのためにある。

—— ライナー・マリア・リルケ（詩人）

パドレ・テンプレケ水道橋

RAINER MARIA RILKE
Birth 1875.12/4

Quotes of December 5

12月5日

覚えていて悲しんでいるより、忘れて微笑んでいる方がいい。

クリスティーナ・ロセッティ（詩人）

チチェン・イッツァ

CHRISTINA ROSSETTI
Birth 1830.12/5

Quotes of December 6

12月6日

好きだから、
大切だからこそ、
人は高いところを目指すんです。

―― 久石譲（作曲家）

JOE HISAISHI
Birth 1950.12/6

イエローストーン国立公園

Quotes of December 7

12月7日

すばらしい愛があるところには、いつも奇跡が起こる。

——ウィラ・キャザー（作家）

サルベーションマウンテン

WILLA CATHER

Birth 1873.12/7

Quotes of December 8

12月8日

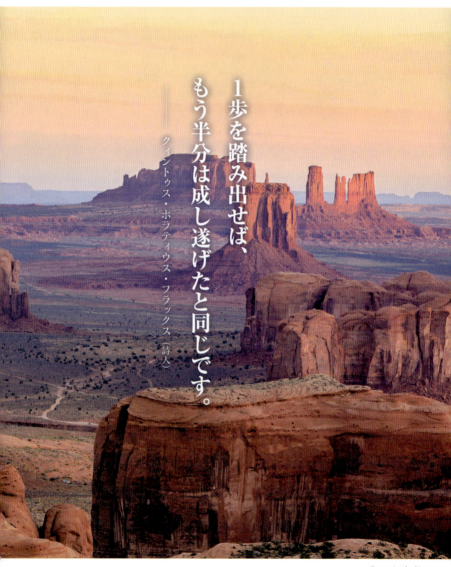

1歩を踏み出せば、もう半分は成し遂げたと同じです。

——クィントゥス・ホラティウス・フラックス（詩人）

QUINTUS HORATIUS FLACCUS
Birth　BC 65.12/8

モニュメントバレー

12月9日

Quotes of December 9

良いアイデアは、答えを持たないことから生まれる。

——ジョン・カサヴェテス（映画監督）

グランドキャニオン

JOHN CASSAVETES
Birth 1929.12/9

Quotes of December 10

12月10日

December

わたしたちは、
年々老いていくのではなく、
日々新しくなっていく。

——エミリー・ディキンソン（詩人）

EMILY DICKINSON

Birth 1830.12/10

セドナ

12月11日

Quotes of December 11

「無難」を狙うことは、自分の人生を手放すこと。

—— 加賀まりこ（女優）

キャニオンランズ国立公園

MARIKO KAGA
Birth 1943.12/11

Quotes of December 12

12月12日

あなたの生涯でもっとも輝く日は、勝利の日ではない。悲嘆と絶望の中にありながら人生に立ち向かった日である。

——ギュスターヴ・フローベール（作家）

GUSTAVE FLAUBERT
Birth 1821.12/12

ゴールデン・ゲート・ブリッジ

Quotes of December 13

12月13日

幸運にも人と違っているのよ。変わらないで。

―― テイラー・スイフト（ミュージシャン）

ロサンゼルス

TAYLOR SWIFT
Birth 1989.12/13

12月14日

Quotes of December 14

笑い続けましょう。それが10歳若返らせてくれるの！

——ジェーン・バーキン（女優）

JANE BIRKIN
Birth 1946.12/14

フレイザーバレー

12月15日

Quotes of December 15

大人というものは、どんなに苦労が多くても自分の方から人を愛していける人間になることなんだと思います。

——いわさきちひろ（絵本作家）

サン・ピークス

CHIHIRO IWASAKI

Birth 1918.12/15

Quotes of December 16

12月16日

December

心のやさしさに匹敵する魅力なんてない。

——ジェイン・オースティン（作家）

JANE AUSTEN
Birth 1775.12/16

モノ湖

December / Quotes of December 17

12月17日

なんとなくというのはいやです。
なんとなく流されるんじゃなくて、
流されちゃえって流されたいの。

——夏目雅子（女優）

ボンネビル・ソルトフラッツ

MASAKO NATSUME
Birth 1957.12/17

Quotes of December 18

12月18日

December

わたしたちはみな、毎年毎年違った人間になる。一生同じ人間であるとは思わない。

——スティーヴン・スピルバーグ　映画監督

ラスベガス

STEVEN SPIELBERG
Birth 1946.12/18

12月19日

Quotes of December 19

やる気の源は、
誇りを持てる生き方をしたい
という気持ちです。

――松本大（実業家）

バウンダリー湾

OHKI MATSUMOTO
Birth 1963.12/19

Quotes of December 20

12月20日

逃げると言えば響きは悪いが、
逃げる者の方が
追う者よりもかならず
1歩先を走っているんだ。

——野田秀樹（劇作家）

HIDEKI NODA

Birth 1955.12/20

アーチーズ国立公園

12月21日

Quotes of December 21

December

行動したからといっていつも幸せが訪れるわけではありません。しかし、行動を起こさないかぎり幸せは訪れないのです。

——ベンジャミン・ディズレーリ（政治家）

グランドティトン国立公園

BENJAMIN DISRAELI
Birth 1804.12/21

Quotes of December 22

12月22日

自分で決着をつけなさい。

——神永昭夫（格闘家）

AKIO KAMINAGA
Birth 1936.12/22

サワロ国立公園

Quotes of December 23

12月23日

嫌いとかいうのは、好きやから嫌いなんやろ。なんか気になるから嫌いになってしまうけど、やっぱり好きなんやろ、それは。

——笑福亭鶴瓶（落語家）

メンデンホール・グレイシャー

TSURUBE SHOFUKUTEI
Birth 1951.12/23

Quotes of December 24

12月24日

人間の器量は、どの程度のことで怒るかによって計ることができる。

—— ジョン・モーリー（政治家）

JOHN MORLEY
Birth 1838.12/24

クレーターレイク国立公園

12 月 25 日

Quotes of December 25

真実は変わらない。
あなたの見方が変わっただけだ。

―― カルロス・カスタネダ（作家）

ヨセミテ国立公園

CARLOS CASTANEDA
Birth 1925.12/25

Quotes of December 26

12月26日

愛は遠くにあろうとも、
しかしいつも、そこにある。
星の光のように
とこしえに遠く、また近くに。

——エルンスト・モリッツ・アルント（詩人）

フェアバンクスのオーロラ

ERNST MORITZ ARNDT
Birth 1769.12/26

12月27日

Quotes of December 27

人間はなんて不思議な生き物なんでしょう。満たされたはずの心がすぐ空っぽになる。でもそれでいいんだよ。だから明日をはじめられる。

——加藤登紀子（ミュージシャン）

グレイシャーベイ国立公園

TOKIKO KATO
Birth 1943.12/27

12月28日

Quotes of December 28

人の悪口は絶対に口にするな。
人にしてあげたことはすぐ忘れろ。
人にしてもらったことは生涯忘れるな。

——石原裕次郎（俳優）

YUJIRO ISHIHARA
Birth 1934.12/28

スカジットバレー

Quotes of December 29

12月29日

望むものはすでにあなたの中にある。
奇跡はあなたを待っている。

——ジョー・ヴィターレ（作家）

モアナルア・ガーデン

JOE VITALE
Birth 1953.12/29

Quotes of December 30
12月30日

むだをおそれてはいけないし
むだを軽蔑してはいけない。
何がむだで何がむだでないかは
わからないんだ。

——開高健（作家）

KEN KAIKO
Birth 1930.12/30

マウナケア

Quotes of December 31

12月31日

さまざまな偶然を
「必然」に変えてゆくのは
自分しかない。

――俵万智（作家）

タラパ・アーチ

MACHI TAWARA
Birth 1962.12/31

All by shutterstock

July

Ruben Gutierrez Ferrer/Feel good studio/Andrew Mayouskyy/Sergey Novikov/Neirfy/Nikonenko Tatiana/ Natalia Deriabina/Allard One/Andrij Vatsyk/Vladitto/John_Walker/inigocia/Weston/Lizavetta/Jose Ignacio Soto/ Marcelo Alex/posztos/Zzvet/cdrin/saiko3p/Sergey Peterman/Nido Huebl/Balate Dorin/Kat photographs/joyfull/ hbpro/Tatiana Popova/Botond Horvath/S-F/Iakov Kalinin/Iakov Kalinin

August

Shaun Barr/Justin Black/mark higgins/S-F/Andrew Shiels/Madrugada Verde/GlennV/Capture Light/Patryk Kosmider/ SilvanBachmann/Samot/ZGPhotography/Boyan Georgiev Georgiev/Sara Winter/Patryk Kosmider/Anneka/ Targn Pleiades/f11photo/Vadim Petrakov/Vadim Nefedoff/SvedOliver/Filip Fuxa/Olga Gavrilova/Joe Belanger/ Maridav/Sandra Kepkowska/Filip Fuxa/peresanz/Supreecha Samansukumal/Andrew Mayouskyy/Travfi

September

Thampitakkull Jakkree/Anibal Trejo/VarnaK/tjalex/Adwo/Taesik Park/Curioso/Jose Luis Stephens/Izabela23/ LMspencer/Celso Diniz/hbpro/Ksenia Ragozina/Alberto Loyo/Ronaldo de Melo Inacio/FCG/Catarina Belova/ Kanokratnok/ostill/marchello74/Thoom/Thiago Leite/Filipe Frazao/RPBaiao/streetflash/ DiegoMariottini/ESB Professional/MMPOP/Yori Hirokawa/saiko3p

October

Michal Knitl/sunsinger/Elzbieta Sekowska/Galyna Andrushko/Sean Pavone/Simon Dannhauer/Roman Stetsyk/ Gabriele Maltinti/Toronto-Images.Com/Julian Peters Photography/Natalia Barsukova/alarico/Kamira/ Daniel Sockwell/Paolo Costa/Fotos593/mandritoiu/Alessandro Colle/Vadim.Petrov/Denna Jiang/Claudio Soldi/ Marcelo Alex/Ashley Burke/Javen/rickandersonphoto/Javen/Elena Elisseeva/Russ Heinl/ Nido Huebl/Paolo Costa/Ecuadorpostales

November

Bildagentur Zoonar GmbH/Rene Holtslag/Ronnie Chua/mbrand85/SL-Photography/f11photo/Xyus/Iryna Savina/ Flavio Huamani/sharptoyou/Jess Kraft/Aleksandar Todorovic/Aleksandar Todorovic/SVongpra/Alan Falcony/ Fotos593/Exequiel Schvartz/Matipon/VarnaK/Gail Johnson/Fotos593/Jess Kraft/Kire Marinceski/almanino/ javarman/Jess Kraft/alberto cervantes/Bill Perry/Yunsun_Kim/Galyna Andrushko

December

miguelnaranjo/LaiQuocAnh/Byelikova Oksana/Inspired By Maps/romakoma/haveseen/Bob Reynolds/ Elena_Suvorova/Erik Harrison/Anton Foltin/Darren J. Bradley/Lorcel/Gabriele Maltinti/Harry Beugelink/ Harry Beugelink/Anatoliy Lukich/welcomia/Greg Blok/Pierre Leclerc/tusharkoley/Andrew S/ John Hoffman/emperorcosar/Sahani Photography/Daniel Vine Photography/NotYourAverageBear/ emperorcosar/RuthChoi/MW-Photos/tkunited/Brian S

Cover : Mila Atkouska

Photo

January

Naska Raspopina/Martin Valigursky/Cipolla Rossa Images/Alexander Piragis/Dmitry Pichugin/Shawn Tian/
Coupek Martin/Somphol/Greg Brave/Natheepat Kiatpaphaphong/vichie81/IM_photo/Jeremy Red/Tetyana Dotsenko/
Darren Tierney/structuresxx/tomsoya/FiledIMAGE/autau/WakaPhoto/AntonSokolov/Dmitrii Sakharov/segawa7/
M Andy/voyata/youreyesonly/Yusei/divedog/zincreative/San Hoyano/Sean Pavone

February

theskaman306/Dashu Xinganling/FenlioQ/leungchopan/HelloRF Zcool/atiger/Brendan van Son/Yusnizam Yusof/
Paul J Martin/outcast85/Farizun Amrod Saad/Khoroshunova Olga/Zakirov Aleksey/fiz_zero/PhotoRoman/JunPhoto/
KITTIPHONG PHONGAEN/JunPhoto/SAHACHATZ/Carlo Falk/newroadboy/littlewormy/Pigprox/
Luciano Mortula - LGM/R.M. Nunes/Yerbolat Shadrakhov/muzato/Sean Hsu

March

Volodymyr Goinyk/Stockforlife/muratart/Tatiana Popova/muratart/OPIS Zagreb/LALS STOCK/Kokoulina/
Baturina Yuliya/Galyna Andrushko/Kirill Trubitsyn/JMx Images/Jean-Yves CALECA/Michail_Vorobyev/Tomas Hulik/
Anna Om/Nick Johanson/Grobler du Preez/Matej Kastelic/Tarek ElBaradie/Brian Clifford/Andrii_K/Leonid Andronov/
vvvita/vvvita/SJ Travel Photo and Video/Protasov AN/Radek Borovka/Oleg Znamenskiy/Luca Nichetti/Felix Lipov

Avril

2630ben/Delpixel/Menno Schaefer/Scanrail1/Aleksei Verhovski/Georgios Tsichlis/Feel good studio/Balate Dorin/Adisa/
S.Borisov/Georgios Tsichlis/Chantal de Bruijne/Aetherial Images/John_Walker/grebcha/krivinis/Gaspar Janos/
Gaspar Janos/Balate Dorin/RossHelen/Oleg Totskyi/Datsenko Maryna/Fesus Robert/S.Borisov/SimoneN/
basiczto/Garsya/Dudarev Mikhail/Gayane/daulon/MU YEE TING

May

LouieLea/Alessandro Cristiano/PHOTOCREO Michal Bednarek/Andrij Vatsyk/Tatiana Volgutova/iascic/
Mi.Ti./karnavalfoto/prochasson frederic/Landscape Nature Photo/Maythee Voran/David Varga/Andrij Vatsyk/
Mapics/inacioluc/saiko3p/ronnybas/RAndrei/DaLiu/RastoS/LiliGraphie/Scanrail1/Nadezda Murmakova/
Carlos Gandiaga/irakite/Feel good studio/canadastock/Tomas Stehlik/emperorcosar/Tsyb Oleh/Iakov Filimonov

June

f11photo/ESB Professional/Balate Dorin/Matej Kastelic/Andrew Mayovskyy/LaMiaFotografia/Javier Crespo/
immodium/Kurt-Georg Rabe/xbrchx/Linda_K/Kotomiti Okuma/Pawel Kazmierczak/Jan Schneckenhaus/
Henryk Sadura/Sopotnicki/Iakov Kalinin/vvoe/Yevhenii Chulovskyi/Kanuman/Mariia Golovianko/
Mariia Golovianko/LiliGraphie/Tono Balaguer/Jenny Sturm/canadastock/S.Borisov/Fabio Lamanna/
Alberto Cozza/Olga Gavrilova/ronnybas

参考文献

1月1日 サントリー 新聞広告(2018年1月13日)／1月2日『生命のバカ力』(講談社)／1月5日 映画『動物農場』公式サイト／1月7日『ベンチャー通信15号』2005年10月号／1月11日『さあ、シンプルに生きよう!』(三笠書房)／1月15日「おんなのしんぶん」(毎日新聞)／1月18日『僕は馬鹿になった。』(祥伝社)／1月27日『不思議の国のアリス』(角川書店)／2月6日『もうひとつのアンパンマン物語』(PHP研究所)／2月11日『愛と励ましの言葉366日』(PHP研究所)／2月13日『婦人朝日』1947年5月号／2月14日『中川一政 いのち弾ける!』二玄社／2月16日『見しらぬ人』創元社／2月25日『背徳のメス』(中央公論社)／2月26日『強く生きる言葉』(イーストプレス)／3月7日『石川淳全集〈第13巻〉』(筑摩書房)／3月8日『水木サンの幸福論』(角川書店)／3月15日『勝負師の極意』(双葉社)／3月17日『生きてるだけでだいたいOK〜"落ちこぼれ"マジシャンが見つけた「幸せのヒント」』(講談社)／3月21日『いい言葉は、いい人生をつくる』(成美堂出版)／3月29日『「三方よし」の人間学 廣池千九郎の教え105選』(PHP研究所)／4月9日『きみたちはどう生きるか』(岩波書店)／4月11日『真贋』(新潮社)／4月18日『「思考軸」をつくれ－あの人が「瞬時の判断」を誤らない理由』(英治出版)／5月1日『一期の夢』(実業之日本社)／5月22日『植物知識』(講談社)／6月7日『ジョジョの奇妙な冒険 (4)』(集英社)／6月14日『掌の小説』(新潮社)／7月2日『青春の蹉跌』(新潮社)／7月27日『路傍の石』(新潮社)／8月7日『二十一世紀に生きるきみたちへ』(世界文化社)／9月24日『天狗の落し文』(新潮社)／9月27日『簡単に、単純に考える』(PHP研究所)／9月28日『進化する強さ』(ポプラ社)／9月30日『生きるヒント2』(KADOKAWA)／10月16日『THE21』2010年6月号／10月22日『イチロー思考』(東邦出版)／10月30日『うずまき』(大倉書店)／10月31日『ひとりぼっちの動物園』(あかね書房)／11月1日『絶望の逃走』(晩書房)／11月17日『The座.』1989年9月号／11月25日『真贋』(講談社)／11月27日『こけたら立ちなはれ』(PHP研究所)／12月1日『小林多喜二書簡集』(ナウカ社)／12月15日「ひろば」(至光社)53号(1972年4月)／12月20日『怪盗乱魔』(新潮社)／12月30日『河は眠らない』(文藝春秋)／12月31日『りんごの涙』(文藝春秋)／そのほか、各種の書籍・雑誌・資料・ウェブサイトを参考とさせていただきました。深く感謝申し上げます。

大切なことに気づく
365日名言の旅　世界の空編

2018年6月30日　第1刷発行

編者	WRITES PUBLISHING
発行者	大塚 啓志郎・高野 翔
発行所	株式会社ライツ社 兵庫県明石市桜町2-22 TEL　078-915-1818　FAX　078-915-1819
印刷・製本	シナノパブリッシングプレス
装丁	坂田 佐武郎

Edited by Keishiro Otsuka
Assisted by Sho Takano, Kazuya Arisa, Yukiko Yoshizawa

乱丁・落丁本はお取替えします。

©2018 WRITES PUBLISHING, printed in Japan
ISBN 978-4-909044-15-0
HP http://wrl.co.jp　MAIL info@wrl.co.jp